한글 사경본 불설무량수경

佛說大乘無量壽莊嚴淸淨平等覺經

하련거夏蓮居 거사 회집

무량수여래회 옮김

비움과소통

如來所以興出世唯說彌陀本願經

"부처님께서 세상에 오신 까닭은
오직 아미타부처님 본원의 바다를
말씀하시기 위함이니라."

무량수경 선본을 수지 · 독송 · 서사하라!

매광희梅光羲 거사 서문

정공淨空 큰스님 풀이

❀

(무량수경 선본은) 그 문장은 간략하나 그 뜻은 풍부하며 이치가 분명하나, 문체가 유려하여 이해하기도 쉽고 읽기에도 편합니다. 또한 기억하기 쉽고 지니기도 쉬워서, 뜻이 깊어 어렵게 여기거나 두려워할 염려가 없습니다. 마침내 참으로 수승하여 누구나 쉽게 왕생할 수 있다는 생각을 일으키게 하니, 이를 무량수경의 「선본善本」이라 말하지 않을 수 없습니다.

[풀이] 이는 확실히 『무량수경無量壽經』의 가장 훌륭한 선본입니다. 제가 북경에 있을 때 황념조 노거사께서 저에게 일러 주셨습니다. "이 시대의 불자는 수행에 있어 질을 중시하고 양을 중시하지 않습니다." 그래서 그는 바쁘고 요란스럽게 닦음을 주장하지 않았고, 또렷하고 청정하게 닦음을 주장하셨습니다.

"도량에서 형식을 중시하지 말고 실질을 중시하십시오. (참배객이 매우 많고 신도가 매우 많은 것과 같이 바깥으로 드러나는 형식은 중요하지 않습니다.) 불자는 모름지기 감응을 중시하지 말고, 신통을 중시하지 말며, 일심에 이르러 산란되지 않음(一心不亂)을 중시하고, 청정한 생각이 계속 이어짐(淨念相繼)을 중시해야 합니다." 생각생각 우리들에게 진정한 수행을 가르쳐주셨습니다.

그는 비록 밀교의 상사일지라도 저에게 이런 말씀을 하셨습니다. "중국대륙에서 40년간 10억 인이 밀종을 배웠지만, 성취한 사람은 6명에 불과할 정도로 매우 어렵습니다." 그래서 그를 따라 밀교를 배운다면 그는 반드시 세 가지 경전을 독송하라고 요구할 것입니다. "첫째 『무량수경』, 둘째 우익대사의 『아미타경 요해』, 셋째 『보현보살 행원품』을 독송하고 발원하여 정토에 태어나길 구하십시오. 밀종을 배우는 사람이 이 세 가지 경전을 착실히 독송 · 수학하지 않는다면 성취할 수 없습니다."

정토종을 수행하는 사람에게는 "단지 『무량수경』을 숙독하여 이 경전의 가르침대로 신수봉행하십시오." 라고 가르칠 것입니다. 게다가 그에게는 십여 명의 제자가 있는데, 그들은 병에 걸리거나 고난을 만나더라고 의사에게 치료를 받지 않고 약을 먹지 않는다고 내게 말해주었습니다. 병이 나을 때까지 줄곧 집안사람은 『무량수경』을 독송하고 관세음 보살 성호를 염한다고 하였습니다. 제자들이 모두 나에게 확실히 이와 같다고 증명해 주었습니다. "이 경전으로 병을 치료할 수 있다!"고 저는 믿습니다.

그래서 몇 년간 저는 언제나 사람들에게 이 법문(무량수경)이 제가 가장 기쁜 마음으로 구하는 것이라고 가르쳤습니다. 우리는 이번 생에서 무엇을 구하고 있습니까? 첫째 늙지 않음이요, 둘째 병들지 않음이요, 셋째 죽지 않음입니다. 당신은 어떻습니까? 이 법문은 늙지 않고, 병들지 않으며, 죽지 않는 진리를 가르칩니다. 당신은 이를 기꺼이 믿어야 하고, 당신은 이를 해낼 수 있습니다. 이 경전의 공덕은 실제로 불가사의합니다. 저의 말씀을 믿을 수 있으면 저의 말씀개로 따라 해보십시오. 모두 효과를 얻을 것입니다. 게다가 효과를 보는 속도 또한 실제로 불가사의합니다. 3개월이면 효과를 보고, 6개월 후에는 확고한 믿음이 생기며, 당신의 업장이 소멸될 것입니다.

무엇을 업장業障이라 합니까? "종전에는 날마다 정신을 차릴 수 없었고, 머리가 어질어질 하였으며, 일이 생기면 얼이 빠졌는데, 3개월 후 원기가 왕생해졌고, 귀와 눈과 기억력이 좋아졌습니다. 이전에 하루에 12시간 잠을 자도 잠이 모자랐는데 현재는 3, 4시간 자도 충분합니다." 이것은 업장이 소멸되어 나타나는 현상입니다. 수많은 사람들이 이런 효과, 진실한 공덕, 경에서 말하는 「진실한 이익을 베풂(惠以眞實之利)」을 얻을 수 있었다고 증명하고 있습니다.[1]

무량수경에서는 무엇을 말하고 있을까요? 간단히 말하면 이 경전에서는 세 가지 진실을 말하고 있습니다.

첫째, 「진실의 궁극을 열어 드러내 보인다(開化顯示眞實之際)」. 이것은 선종에서 말하는 명심견성·견성성불입니다.

둘째 「진실한 지혜에 머문다(住眞實慧)」. 당신이 이 경을 독송하고 아미타부처님을 칭념하면 당신의 마음은 진실한 지혜에 머물고, 반야지혜에 머물 것입니다.

---

1) 무량수경 수지독송 및 영험사례는 『아미타불 현세가피』(비움과소통, 2016년) 참조.

셋째 「진실한 이익을 베푼다(惠以眞實之利)」. 이 경은 당신에게 진실한 이익을 줄 것입니다. 다른 경전에서는 이 세 가지 진실을 말하는 경전은 매우 적고, 오직 무량수경만이 이를 모두 갖추고 있습니다.

매번 사경 · 독송할 때마다 문득 내 몸이 청정 장엄한 불국토에 옮겨 간 듯합니다.

[풀이] 이것은 매광희 노거사께서 스스로 체험하시고 말씀하신 것입니다. 매번 공경하는 마음(恭敬心)으로, 청정한 마음(淸淨心)으로, 진실하고 정성을 다하는 마음(眞誠心)으로 본경을 사경 독송할 때마다 마치 자신이 서방극락세계에 있는 것과 같습니다.

한가롭게 연못과 보배수 사이로 거니는 것 같고, 아미타부처님의 자애로운 광명을 직접 뵙는 듯하며, 마치 아미타부처님의 법어를 직접 듣는 듯합니다. 이 경을 사경 · 독송하는 사람은 피곤함을 잊고, 이 경을 듣는 사람은 기쁜 마음이 생겨서 각각의 근기에 따라 그 내용을 이해하여서 마치 각자 자신의 도량에 있는 것과 같습니다.

이 경전은 범부의 탁하고 좁게 갇힌 마음을 거두어서 성중이 거하는 경계에 함께 들어가게 하고, 망상의 생각을 전체 그대로 진여로 바꾸게 하며, 세속 티끌을 등지고 깨달음에 계합하는 행이 되도록 도와줍니다. 만약 이 경전을 사경 · 독송하고 경전의 말씀대로 닦으면 장래에 받게 될 괴로운 과보를 모두 뽑아내버릴 수 있을 뿐만 아니라, 지금 현재의 삶속에서도 바로 복덕과 이익을 획득할 수 있을 것입니다.

진실로 정업淨業을 닦지 않는 사람이 아니면 그 미묘함을 깨닫지 못할 것이며, 일찍이 부처님의 바다와 같이 깊고 넓은 교법을 섭렵하지 않은 사람이라면 아무도 그 그윽하고 오묘한 이치를 엿보지 못할 것입니다.

[풀이] 무량수경을 처음으로 독송하는 사람들이 통과하기 가장 어려운 관문은 무량수경을 400독에서 500독까지 독송하는 것입니다. 충분히 염송할 수 있게 된 후에는 설사 당신에게 사경 · 독송하지 말라고 권해도 이미 그렇게 할 수가 없습니다. 현재 대만 북쪽에서 남쪽 지역에 이르기까지 이 경전을 독송하는 사람은 매우 많습니다. 하루

4번 독송하는 사람도 대단히 많고 10번, 13번 독송하는 사람도 몇 있으며, 4년 동안 1만 번 독송한 사람도 있습니다. 확실히 업장이 소멸되고 지혜가 열립니다!

이 법문을 수학하든지 관계없이 불법은 어디서부터 들어가야 할까요? 청정한 마음에서부터 들어가야 합니다. 마음이 청정하지 않으면 도에 들어갈 수 없습니다. 무량수경을 사경 독송하면 당신의 분별·망상·업장의 생각을 돌려서 자신이 본래 가지고 있는 자성청정을 회복할 수 있습니다. 우리들이 구하는 「무량수無量壽」와 우리들이 바라는 「장엄莊嚴」(정신적으로 원만히 행복하고, 생활 속에서 갖가지 것에 흠결이 없으며, 모든 일이 원하는 대로 이루어짐을 말합니다)은 어디에서 찾을 수 있을까요?

모두 이 경의 제목, 「청정淸淨」심, 「평등平等」심, 「각覺」심에 있습니다!

마음이 청정하지 않으면 어떻게 행해야 합니까? 어떻게 청정한 마음을 회복해야 합니까?

『무량수경』을 독송하십시오!

청정한 업을 전수專修하는 사람이 대만·미국·남양 등지에서 행하는 아침·저녁 기도일과는 일반 도량과 다릅니다. 아침일과는 『무량수경』 제6품(곧 아미타불 48원)을 독송하고, 독송한 후 염불·회향·삼귀의를 합니다. 저녁일과는 『무량수경』 제32품에서 제37품까지 6품을 독송합니다. 독송한 후 염불·회향·삼귀의를 합니다. 우리들은 아침·저녁 기도일과를 이렇게 짜서 수행하고 있습니다.

우리에게는 정토에 태어나서 아미타부처님을 친견하길 기쁜 마음으로 구하는 하나의 목표만 있습니다. 전일하게 수행하고 전일하게 홍법해야, 진정으로 대세지보살께서 가르쳐주신 「청정한 생각이 계속 이어짐」을 뒤섞지 않고 중단 없이 해낼 수 있습니다.

그래서 과연 사람마다 사경·독송할 수 있다면, 인과因果에 절로 밝아지고, 몸과 마음이 저절로 깨끗해지며, 액난을 당할 운이 저절로 바뀌며, 세상도 저절로 다스려져 태평할 것입니다.

[풀이] 이것은 우리들이 진정으로 바라는 것입니다. 어떻게 해야 이것에 도달할 수 있습니까? 어떻게 우리의 삶 속에서 사실로 변화시킬 수 있습니까? 『무량수경』을 사경 독송하는 것이 매우 중요합니다. 이를 통해 우리들의 마음속 소원을 모두 달성할 수 있습니다.

부처님 공부를 하는 동학 동수께서는 개인 마다 모두 업장이 소멸되길 희망합니다. 업장을 소멸하고 싶다면 먼저 무엇을 업장이라고 하는지 알아야 합니다. 마치 적을 잡으려면 반드시 적이 누구인가 알아야 적을 잡을 수 있는 것과 마찬가지입니다. 업장은 망상입니다. 탐·진·치·교만이 마음에 일어나고 생각을 움직이면 당신은 업을 짓습니다. 업은 곧 당신의 청정심을 장애하고, 당신의 평등심을 장애합니다. 만약 탐·진·치·교만을 모두 없애버릴 수 있다면 업장은 사라질 것입니다! 눈 귀 코 혀 몸 마음의 육근六根이 색성향미촉법의 육진六塵 경계에 접촉하여 마음을 일으키지 않고, 생각을 움직이지 않으며, 분별하지 않고, 집착하지 않는다면 업장이 오겠습니까? 이런 경지는 말하기는 쉽지만 막상 실천하기는 매우 어렵습니다.

부처님께서는 우리에게 이 방법이 좋다고 가르쳐 주셨습니다. 하루 종일 경전을 사경 독송하면서 하루 종일 아미타부처님과 서방극락세계를 생각하고 그리워합니다. 대세지 보살께서 말씀하신 것은 「억불憶佛·염불念佛」입니다. 「념念」은 「마음으로 염함(心念)」으로, 입으로 염하지 않아도 되지만 마음속으로 염해야 합니다. 마음에 진실로 아미타부처님과 서방극락세계가 있어야 합니다. 「억憶」은 곧 「그리워 함(想)」입니다. 장차 이러한 억념이 무르익으면 언제나 서방극락세계 의정장엄依正莊嚴을 생각하고, 아미타부처님께서 48가지 대원을 실천하여 극락세계를 건립하시고 일체중생을 교화하시는 무량한 공덕을 그리워하게 됩니다. 언제나 극락세계만 그리워하면 다른 것은 그리워하지 않을 것이고, 언제나 아미타부처님만 생각하면 다른 것은 생각하지 않게 될 것입니다. 당신의 마음이 이래야 청정하고, 업장도 비로소 뿌리부터 뽑아 없앨 수 있습니다.

왜 당신에게 많이 억념하라고 가르치겠습니까? 왜 당신에게 무르익도록 염하라고 가르치겠습니까? 무르익도록 염해야 마음이 일어나고 생각이 움직이는 것이 모두 아미타부처님이고 서방극락세계라야 상응합니다! 이른바 "한 생각이 상응하면 일념이 그대로 부처이고 염념마다 상응하면 염념이 그대로 부처입니다(一念相應 一念佛 念念相應 念念佛)." 아직 무르익지 않았는데, 어떻게 상응할 수 있겠습니까? 하루 종일 「남과 나, 옳고 그름, 탐·진·치·교만」과 상응하면 이것이 육도에 윤회하는 업인業因입니다. 서방극락세계와 상응할 수 없다면 바로 육도윤회와 상응하는 것입니다. 걷기가 편한 제3의 길은 없습니다. 이 두 갈래 길이 우리들 얼굴 앞에 놓여있으니, 극락세계에 왕생하느냐? 육도에 윤회하느냐? 는 우리들 자신의 선택에 달려 있습니다.

우리들이 구하는 것은 「인과에 절로 밝음」입니다. 방금 말했듯이 아침에 제6품을 독송하는 것은 아미타부처님의 48원입니다. 아미타부처님의 본원을 자신의 본원으로 바꾸면 나의 심원이 아미타부처님과 완전히 같아집니다. 우리들이 사경 독송하는 목적은 바로 여기에 있습니다. 저녁 기도일과에 제32품에서 제37품까지 독송하는 것은 인과에 또렷하기 위함입니다. 고덕께서는 계율을 지키면서 염불할 것을 주장하셨습니다. 무량수경 제6품의 경문은 바로 계율입니다. 이 속에서 인과응보를 말하고 있습니다. 우리들로 하여금 마음을 움직이고 생각을 움직여 세속에 살면서 사람을 상대하고, 사물을 접촉하는 모든 것이 경전을 깨끗한 거울로 만들어 시시각각 자신의 과실을 점검하고 허물을 고쳐서 자신을 새롭게 하는 것입니다!

절집에서는 늘 「깨달음(開悟)」를 말합니다. 무엇을 깨달음이라고 합니까? 날마다 자신의 결점을 아는 사람은 깨닫습니다. 자신의 결점을 충분히 고칠 수 있으면 이를 「수행修行」이라 합니다. 마음바탕이 청정·평등한 사람은 「무상의 도를 이루었다」고 말할 수 있습니다.

몸과 마음이 청정하면 어떻게 병에 걸리겠습니까? 병은 어디서 옵니까? 병은 몸이 청정하지 못해서 옵니다. 몸이 어떻게 청정하지 못합니까? 마음이 청정하지 못하면 몸이 청정히 못하고 어떤 질병이든 걸리게 됩니다. 과연 몸과 마음이 청정하면 병에 걸릴 이유가 없고, 노쇠할 이유가 없습니다. 그런데 현재 퇴직한 몇몇 사람들은 마음속에 아미타부처님을 생각하지 않고, 그는 날마다 늙는다고 생각합니다. 자신은 한 해 한 해 늙어가고 있다고 생각합니다. 그런 사람이 어떻게 늙지 않겠습니까? 당연히 늙습니다. 또 늙는다고 생각하면 병에 걸리게 됩니다. 그래서 모든 질병에 걸리게 됩니다. 늙는 것은 자신의 생각에서 오고, 병도 자신의 생각에서 오며, 죽음도 자신의 생각에서 옵니다. 수행은 망상을 깨뜨리는 것입니다. 만약 생각을 뒤집어 바꾸어서 아미타부처님을 전념하면 아미타부처님께서는 병에 걸리지 않으시고, 아미타부처님께서는 늙지 않으시며, 아미타부처님께서는 죽지 않으시니, 자신의 삶이 모두 바뀌게 됩니다. 당신이 바뀌는가 안 바뀌는가, 관건은 모두 여기에 달려있습니다!

《무량수경》 선본을 날마다 사경 독송하여
아미타부처님을 생각하고, 서방극락세계를 그리워하여
인과를 밝게 깨달아, 청정 평등 자재한 새로운 삶을 살아가며
임종시 가는 때를 미리 알아, 이 몸과 정신 그대로
극락세계에 왕생하여 이번 생에 모두 성불합시다.
나무아미타불!

무량수여래회 일동

사경시 유의 사항

1. 무량수경을 사경하기 전에는 과식을 하지 않습니다. 배불리 먹으면 집중이 되지 않을 뿐만 아니라 만사가 귀찮아지고 졸음이 오게 됩니다.

2. 세수를 하고 양치질을 합니다. 그리고 깨끗하고 단정한 옷으로 갈아입습니다. 잠옷이나 체육복, 반바지 등 불경(不敬)한 옷차림은 하지 않습니다.

3. 방과 책상 주변을 깨끗이 치우고, 핸드폰이나 TV 등은 끕니다.

4. 사경 전용 펜을 준비하여 앞으로 그 펜만 계속 사용합니다.

5. 자세를 바르게 한 후 몇 분간 입정(入定)을 합니다.

6. 쓰기 전에 **정구업진언**(수리수리 마하수리 수수리 사바하)을 세 번 낭독한 후, **나무상주시방불·나무상주시방법·나무상주시방승**을 역시 세 번 합니다. 그런 후 불상이나 불경을 향해 절을 세 번 올립니다.

7. 이제 쓰기 시작합니다. 바른 자세로 앉아 한 자 한 자 또박또박 정성을 들여 써 나갑니다. 쓰는 것을 눈으로 보고 마음속 또는 입으로 한 번 읽습니다.

8. 하루 분량을 마치기 전에 중간에 화장실에 가거나 전화통화를 하거나 대화를 하지 않습니다.

9. 하루 분량을 다 쓴 후 **나무아미타불**을 열 번 염하고 **회향게**(원이차공덕 보급어일체 아등여중생 당생극락국 동견무량수 개공성불도)를 봉독합니다.

10. 자기가 쓴 무량수경에 절을 세 번 올립니다. 이로써 모든 것이 끝납니다.

11. 100일 또는 한 달을 정해서 하는 경우 이 기간 동안엔 하루도 빠짐없이 씁니다.

12. 무량수경을 다 쓴 사경집 등을 가정에서는 가장 청정한 장소에 봉안하고 인연이 닿으면 절의 탑이나 불상(佛像)의 복장(腹藏)에 봉안합니다. 함부로 불에 태우거나 집에 방치해서는 안 됩니다. 평생토록 집에 두고 있어도 좋고 남에게 선물해도 좋습니다.

13. 다 쓴 후 회향문을 읽고 마음속으로 자신의 발원을 되새깁니다.

14. 사경할 때는 참회하는 마음, 불보살님과 모든 존재에게 감사하는 마음, 극락에 왕생하고자 하는 마음을 강하게 품습니다.

15. 다른 분들에게도 무량수경 사경을 많이 권하시길 부탁드립니다. 그리고 본 사경집을 많은 분들에게 선물하십시오. 교도소나 군부대, 요양원, 학교 등지에 법보시를 하시면 불가사의한 공덕을 짓게 됩니다.

불설대승무량수장엄청정평등각경

노향찬

향로에 향을 사루니
법계에 향기가 가득
부처님 회상에 널리 펴져서
곳곳마다 상서구름 맺히나이다
저희 뜻 간절하오니
부처님 강림하옵소서

나무향운개 보살마하살 (3회)

연지찬

연지해회 아미타부처님
관세음보살·대세지보살 연화대 앉으시어
저희들 접인해 황금계단 오르게 하시나이다
원하옵건대 큰 서원 널리 여시어
저희들 티끌세상 여의게 하옵소서

나무연지해회 보살마하살 (3회)

나무본사석가모니불 (3회)

개경게

위없이 높고 깊은 미묘한 법문
백천만 겁에도 만나기 어려워라
제가 지금 듣고 보아 수지하오니
여래의 진실한 뜻 알아지이다

불설대승무량수장엄청정평등각경

제1품 법회에 모인 성중

이와 같이 나는 들었다. 한때 부처님께서 왕사성 기사굴산에 머무르사, 큰 비구 대중 1만 2천 인과 함께 계셨으니, 이들은 모두 대성인들로 신통에 이미 통달하였다.

그 이름은 존자 교진여·존자 사리불·존자 대목건련·존자 가섭·존자 아난 등이었고, 이들이 상수가 되었다.

또한 보현보살·문수사리보살·미륵보살 및 현겁 중의 일체보살들도 모두 법회에 와서 모여 계셨다.

제2품 보현대사의 덕을 좇아 수학하다

또 현호보살 등 16정사들도 함께 계셨으니, 이른바 선사유보살·혜변재보살·관무주보살·신통화보살·광영보살·보당보살

· 지상보살 · 적근보살 · 신혜보살 · 원혜
보살 · 향상보살 · 보영보살 · 중주보살 ·
제행보살 · 해탈보살 등이었고, 이들이 상
수가 되었다.

그 보살들은 다 함께 보현 대사의 덕을 좇아
서 수학하였고, 무량한 행원을 구족하여 일
체 공덕 법에 안온히 머물렀다. 나아가 시방
세계에 두루 다니면서 선교방편을 실행하였
고, 부처님의 법장에 들어가 구경열반의 피
안에 이르렀다.

그리고 무량한 세계에서 등정각을 성취하길
발원하셨다.

그 보살들은 도솔천을 포기하고 왕궁으로
내려와, 왕위를 버리고 출가하여, 고행하며
성불의 도를 배우시니, 이와 같이 시현하심
은 세간에 수순하시고자 하는 까닭이다. 선
정과 지혜의 힘으로 마구니와 원수를 항복
시키고, 미묘한 법문을 얻어 최상의 정각을
성취하신다.

이때 천인들이 귀의하고 우러러보며, 법륜

을 굴려 주시길 청하자, 항상 법음으로 모든 세간을 깨우쳐주신다.

번뇌의 성을 부수고, 모든 탐욕의 구덩이를 허물어서, 마음의 더러운 때를 씻어주시고, 청정·순백한 자성을 드러내 밝혀주신다. 중생들의 견해를 조화시키시고, 미묘한 이치를 펼치시며, 공덕을 쌓고 복전을 중생들에게 보이시며, 제법의 양약으로써 삼계의 괴로움을 치료하여 주신다.

중생들을 관정의 계위에 오르게 하여 보리수기를 받게 하시고, 보살들을 가르치시기 위해 아사려의 모습으로 나타나서 불법을 끊임없이 학습하여 가없는 제행에 상응하도록 하시며, 보살의 가없는 선근을 성숙시켜 주시니, 무량한 부처님들께서 다 함께 호념하신다.

시방 제불찰토 어느 곳에서나 모습을 나타내실 수 있나니, 비유컨대 뛰어난 마술사가 온갖 다른 모습으로 변화하여 나타날 수 있지만, 그 나타난 모습 가운데 실로 얻을 것이 없는 것처럼 이 법회에 모인 보살들도 또한 이와 같다.

그 보살들은 일체 만법의 자성본체와 온갖 중생들의 근기성향에 통달하여 또렷하게 아시고, 또한 일체 제불께 공양을 올리고 모든 중생들에게 설법하여 이끌어 주신다. 그리고 그 몸을 번갯불처럼 신속하게 화현하시어 마견의 그물을 찢어버리고, 모든 번뇌의 속박을 풀어주신다. 또한 성문·벽지불의 경지를 멀리 뛰어넘고, 공·무상·무원의 해탈법문을 증득해 들어가 선교방편을 세워서 삼승을 드러내 보여주신다.

중근기·하근기 중생들에게는 멸도에 드시는 모습을 나타내 보여주신다.

그 보살들은 생함도 멸함도 없는 모든 삼매들을 얻으시고, 또 일체 다라니 문을 얻으시며, 수시로 화엄삼매에 깨달아 들어가 무량한 총지와 수백 수천 삼매를 구족하신다. 자성본연의 깊은 선정에 머물러서 무량 제불을 모두 친견할 수 있고, 일념의 짧은 순간에 일체 불국토를 두루 다니신다.

부처님의 변재를 얻어서 보현행에 머물러 계시고, 중생들의 언어를 잘 분별할 수 있으며, 진실의 궁극에 개시오입 하심을 나타내 보이시고, 세간의 일체 제법을 뛰어넘으신다.

마음은 늘 진실로 세간 사람들을 제도하는 도에 머무시고, 일체 만물에 대하여 뜻하는 대로 자재하시며, 청하지 않아도 모든 부류의 중생들을 위해 좋은 벗이 되어 주시고, 여래의 크고 깊은 법장을 수지하시며, 부처님의 종성을 보호하여 항상 끊어지지 않도록 하신다.

대비심을 일으켜서 유정들을 불쌍히 여기시고, 자비한 변재로 연설하여 중생들에게 법안을 뜨게 하시며, 삼악도의 길을 막고 삼선도의 문을 열어주신다. 또한 모든 중생들을 자신처럼 여겨서 구제하고 중생들의 짊을 지고서 모두 열반의 피안에 이르게 하신다. 모든 중생들에게 제불의 무량공덕과 거룩하고 밝은 지혜를 얻을 수 있도록 하시니, 그 공덕과 지혜는 원만하고 불가사의하다. 이와 같이 무량무변한 모든 대보살들께서 일시에 와서 법회에 모여 계셨다.

또 비구니 5백 명과 청신사 7천 명·청신녀 5백 명, 그리고 욕계천·색계천·제천의 범중들도 다 같이 큰 법회에 모여 계셨다.

제3품 큰 가르침을 베푸신 인연

이때 세존께서 위덕 광명을 혁혁하게 놓으시니, 마치 황금 덩어리가 녹아서 아름답게 빛나는 듯이, 또 맑은 거울에 영상이 안팎으로 비치는 듯이 큰 광명이 수천 수백 가지로 변화하며 나타났다.

아난 존자는 곧 스스로 생각하길, '오늘 세존께서는 온몸에 기쁨이 넘쳐나고 육근이 청정하며, 얼굴에 위엄이 빛나서 그 가운데 보배 찰토의 장엄을 나타내시니, 과거 이래로 일찍이 본 적이 없도다.'

이에 기쁜 마음으로 세존을 우러러 보니, 희유한 마음이 일어나서 바로 자리에서 일어나 오른 어깨를 드러내고, 무릎 꿇고서 합장하며, 부처님께 아뢰길, "세존이시여! 오늘 세존께서는 대적정에 드시어, 기묘하고 특별한 법에 머물러 계시나니, 제불께서 머무시는 대도사의 행, 가장 수승한 도법에 머물러 계십니다. 과거·미래·현재 부처님과 부처님께서 서로 억념한다고 하셨는데, 세존께서는 오늘 과거·미래의 제불을 억념하고 계십니까? 아니면 현재 타방에 계시는 제불을 억념하고 계십니까? 무슨 이유로 오늘 세존께서 위신력을 눈부시게 드러내시고, 광명과 상서의 수승하고 미묘함이 이와 같습니까? 원하옵건대 저희들을 위하여 상세하게 말씀하여 주시옵소서."
이에 세존께서는 아난에게 말씀하시길, "훌륭하고 훌륭하다! 그대는 모든 중생들을 불쌍히 여겨서 그들에게 이롭고 그들이 좋아하도록 이와 같이 미묘한 뜻을 잘 물었도다.

그대가 지금 이와 같이 질문한 것은 일천하의 아라한과 벽지불에게 공양하고, 누겁 동안 제천·세간 사람들과 기거나 날거나 꿈틀거리는 벌레의 부류들에게 보시하는 것보다 그 공덕이 백천만 배나 수승하니라. 왜 그러한가? 오는 세상에 제천·세간 사람들과 일체 함령들이 모두 그대의 질문으로 인해 해탈을 얻게 될 것이기 때문이니라. 아난아, 여래께서는 그지없는 대비심으로 삼계 중생을 가엾이 여기시어 세상에 출현하시니라. 지혜를 천양하고 진여실상을 가르쳐서 괴로움으로부터 중생들을 구제하시고, 그들에게 진실한 이익을 베풀어 주시느니라. 이 법을 만나기 어렵고 여래를 친견하기 어려운 것은 마치 우담바라 꽃이 희유하게 출현하는 것과 같으니라. 지금 그대가 묻는 것은 중생들을 크게 이롭게 할 것이니라.

아난아, 여래의 정각은 그 지혜가 헤아리기 어렵고 걸림이 없어서 일념의 짧은 순간에 무량 억 겁에 머물 수 있고, 몸과 육근은 늘어나지도 줄어들지도 않음을 알아야 하느니라. 왜 그러한가? 여래는 선정과 지혜가 구경까지 펼쳐져 끝이 없으며, 일체법에 가장 수승한 자재를 얻을 수 있기 때문이니라. 아난아, 자세히 듣고서 잘 사유하고 억념하라! 내 마땅히 그대를 위하여 분별하여 해설할 것이니라."

제4품 법장비구께서 발심·수학한 인연
부처님께서 아난에게 말씀하시길, "과거 한량없고 불가사의한 무앙수 겁 이전에 부처님께서 세상에 출현하셨나니, 이름이 세간자재왕여래·응공·등정각·명행족·선서·세간해·무상사·조어장부·천인사·불세존으로 42겁 동안 세상에서 머물러 계시면서 가르침을 펼치셨느니라. 이때 제천 및 세간 사람들을 위하여 경전을 강설하시고 불도를 말씀하셨느니라.

그때 큰 나라의 왕이 계셨으니, 이름이 세요 왕으로 부처님의 설법을 듣고 법안이 열려서 환희심에 위없는 진정한 도에 이르려는 뜻을 일으켰느니라. 그리하여 국왕의 자리를 버리고 출가하여 사문이 되셨으니, 명호가 법장이었고, 보살도를 닦으셨느니라. 법장 비구는 뛰어난 재주와 용맹 명석함이 세간 사람을 뛰어넘었고, 믿고 이해하며 또렷하게 기억하는 능력도 모두 다 제일이었으며, 또 수승한 행원 및 염혜력을 지니고 있어 그 마음을 증상케 하여 견고하고 흔들리지 않았으며, 수행정진이 그를 앞지르는 자가 없었느니라.

그는 부처님의 처소로 가서 정례하고, 무릎 꿇고 부처님을 향해 합장하며, 가타로써 부처님을 찬양하고 광대한 원을 발하였느니라. 게송으로 말하길,

    여래의 미묘한 상호, 단정 장엄하여
    일체 세간에 견줄 사람이 없습니다

여래의 무량한 광명, 시방세계 비추니
해와 달, 불과 보석 먹통이 되고 맙니다

세존께서는 하나의 언어로 연설하셔도
유정들은 각자 자신의 언어로 이해하고
또한 하나의 미묘한 색신을 나타내시어
중생들이 각자의 부류에 따라서 보게 하십니다

원하옵건대 제가 부처님의 청정한 음성 얻어서
법음이 가없는 법계에 두루 미치게 하옵소서
계율·선정·정진의 법문을 선양하고
깊고 미묘한 법문에 통달하게 하옵소서

저의 지혜, 바다처럼 광대하고 깊어지며
저의 마음, 세상 근심 끊어 청정하게 하옵소서
가없는 악취의 문을 뛰어넘어
보리의 구경언덕에 빨리 이르게 하옵소서
무명과 탐욕·분노, 영원히 없애고
의심과 허물, 삼매의 힘으로 정복하게 하옵소
서

또한 저는 무량한 과거불과 같이
저 세계 중생들에게 대도사가 되어서
생로병사의 온갖 고뇌로부터
일체 세간을 구제할 수 있게 하옵소서

늘 보시와 지계, 인욕과 정진
선정과 지혜의 육바라밀을 수행하여
아직 못 건너간 유정들은 건너가게 하고
이미 건너간 자는 부처를 이루게 하옵소서

항하의 모래알만큼이나 많은 성인께 공양해도
굳은 결의로 용맹 정진하여서
위없는 정각을 구하는 것만 못합니다

원하옵건대 삼마지에 안온히 머물러
늘 광명을 놓아서 일체세간을 비추옵고
광대하고 청정한 국토를 감응해 얻으니
그 수승함과 장엄함, 견줄 것이 없습니다

육도에 윤회하는 모든 부류의 중생들이

저의 찰토에 빨리 태어나 안락케 하고
늘 자비심으로 유정들의 고통을 뽑아내어
가없는 고난 중생들을 남김없이 제도하게 하옵
소서

저의 수행 견고해 흔들리지 않으리니
부처님 거룩한 지혜로만 증명해 아실뿐입니다
설사 제가 온갖 고통에 빠진다 할지라도
이 같은 원심에서 영원히 물러나지 않겠나이다

제5품 지극한 마음으로 정진하다

법장 비구가 이 게송을 읊고 나서 부처님께
아뢰길, "제가 지금 보살도를 행하고 있고,
이미 무상정각의 마음을 발하였사오니, 이
서원을 성취해 부처가 되고, 일체 심행이
부처님과 같아지도록 하옵소서.
부처님이시여, 원하옵건대 저를 위해 경법
을 자세히 설해 주시옵소서. 저는 받들어
지녀서 여법하게 수행하여 수고로이 고통
짓는 모든 생사의 근본 뿌리를 뽑아버리고,

빨리 무상정등정각을 성취하도록 하겠나이
다.

원하옵건대 제가 부처 될 적에 저의 지혜,
저의 광명, 제가 머무는 국토, 저의 명호가
시방세계에 들리도록 하고, 제천 · 세간 사
람들과 기어 다니고 꿈틀거리는 벌레의 부
류들까지도 저의 국토에 와서 태어나 모두
보살이 되게 하여 주시옵소서. 제가 세운
이 서원은 모두 무수한 제불국토보다 수승
하나니, 어찌 이 서원을 이룰 수 있겠습니
까?"

세간자재왕 부처님께서 곧 법장 비구를 위
해 경을 설하시면서 말씀하시길, "비유컨대
마치 한 사람이 큰 바닷물을 한 말씩 헤아려
몇 겁의 세월이 지나면 마침내 그 바닥이
다 드러날 수 있는 것처럼 누구라도 지극한
마음으로 도를 구하길 정진해 그치지 않으
면 마땅히 불과를 증득할 수 있나니, 어떤
서원인들 이루지 못하겠는가?

그대는 어떤 방편을 닦아야 불국토의 장엄

을 이룰 수 있는지 스스로 사유해보고, 그대
가 수행하고자 하는 방법을 스스로 알아야
하며, 청정한 불국토를 스스로 섭수하여야
하느니라."

법장 비구가 부처님께 아뢰길, "그 뜻은 크고
깊어서 저의 경계가 아닙니다. 오직 여래·
응공·정변지께서 무량하고 미묘한 제불찰
토를 널리 연설하여 주시옵소서. 제가 만약
이와 같은 법을 듣게 된다면 사유하고 수습
하여 맹세코 저의 서원을 이루겠나이다."

세간자재왕 부처님께서는 그의 덕행이 높고
지혜가 밝으며, 뜻과 원이 깊고 넓음을 아시
고, 그를 위해 210억 제불찰토의 공덕·장
엄과 청정·광대·원만한 모습을 상세하게
말씀하여 주셨고, 그 심원에 응하기 위해
제불찰토를 다 보여 주시니, 부처님께서 이
법을 설하실 때 천억 년의 세월이 흘렀느니
라.

그때 법장 비구는 부처님의 설법을 듣고,
모든 불찰토를 다 보고서, 위없는 수승한

서원을 일으켰느니라. 저 천인의 선악이나 국토의 거침과 미묘함에 대해서 완전히 사유하여 곧 그 일심으로 희망하는 것을 선택하여 대원을 얻었느니라.

그는 부지런히 탐구해 찾아서 이를 공경히 삼가하고 잘 보임하고 지녀서, 공덕을 수습하여 5겁 동안 원만히 만족하였느니라. 21구지 불국토의 공덕을 장엄하는 일에 대해 마치 하나의 불찰토인 양 또렷하게 통달할 수 있었으며, 섭수한 불찰토는 이것보다 훨씬 뛰어넘었느니라.

모두 다 섭수하고서, 다시 세자재왕 여래의 처소로 가서 머리를 조아려 부처님의 발에 절하고, 부처님의 주위를 세 번 돌며, 합장하고 멈추어 서서 말하길, "부처님, 저는 이미 불토장엄과 청정행을 성취하였나이다."

부처님께서 말씀하시길, "참으로 훌륭하다! 지금이 바로 좋은 때이다. 그대는 자세히 설명하여 대중들이 기뻐하도록 할 것이며, 또한 대중들이 이 법문을 듣고서 큰 이익을 얻도록 할 것이며, 불국토에서 수습하고 섭수하여 무량한 대원을 만족시킬 수 있도록 할지니라."

제6품 48대 서원을 발하다
법장 비구께서 부처님께 아뢰길, "세존이시여, 오직 원하옵건대 대자비로 저의 서원을 듣고 자세히 살펴 주시옵소서."

제1 국무악도원 · 제2 불타악취원
제가 만약 무상보리를 증득하고 정각을 이룬다면 제가 머무는 불국토에 무량한 불가사의 공덕장엄을 구족하겠나이다. 지옥·아귀·짐승과 기거나 날거나 꿈틀거리는 벌레의 부류들이 없도록 하겠나이다. 모든 일체중생, 염마라계까지도 삼악도에서 저의 국토로 와서 태어나게 하고, 저의 법화를 받아서 누구나 다 아뇩다라삼먁삼보리를 성취하여서 다시는 악취에 떨어지지 않도록

하겠나이다. 만약 이 서원을 이루면 부처가
될 것이며, 이 서원을 이루지 못한다면 무상
정각을 성취하지 않겠나이다.

　제3 신실금색원 · 제4 삼십이상원 ·
　제5 신무차별원

제가 부처 될 적에 저의 국토에 태어난 시방
세계 모든 중생들이 자마진금 빛깔의 몸을
구족하도록 하겠나이다. 32종 대장부상을
구족하도록 하겠나이다. 단정 · 정결하여서
생김새가 같도록 하겠나이다. 만약 생김새
에 아름답고 추한 차이가 있다면 정각을
성취하지 않겠나이다.

　제6 숙명통원 · 제7 천안통원 ·
　제8 천이통원

제가 부처 될 적에 저의 국토에 태어난 모든
중생들이 모두 무량겁 동안 전생에 지은
바 선과 악을 알도록 하겠나이다. 모두 다
능히 꿰뚫어 보고, 철저히 들어서 시방세계
과거 · 미래 · 현재의 일을 알도록 하겠나이

다. 만약 이 서원을 이루지 못한다면 정각을 성취하지 않겠나이다.

제9 타심통원

제가 부처 될 적에 저의 국토에 태어난 중생들이 다른 사람의 마음을 아는 신통력을 얻도록 하겠나이다. 만약 백천 억 나유타의 수많은 불국토에 있는 중생들의 마음과 생각을 알지 못한다면 정각을 성취하지 않겠나이다.

제10 신족통원 · 제11 공제불원

제가 부처 될 적에 저의 국토에 태어난 모든 중생들이 신통자재 바라밀다를 얻도록 하겠나이다. 일념의 짧은 순간에 백천억만 나유타의 불찰토를 뛰어넘어 두루 다니면서 제불께 공양을 올릴 수 없다면 정각을 성취하지 않겠나이다.

제12 정성정각원

제가 부처 될 적에 저의 국토에 태어난 모든 중생들이 분별을 멀리 여의고, 모든 감각이 적정에 들도록 하겠나이다. 만약 결정코 등정각을 성취하여 대열반을 증득하지 못한다면 정각을 성취하지 않겠나이다.

제13 광명무량원 · 제14 촉광안락원

제가 부처 될 적에 광명이 무량하여 시방세계에 두루 비추어서 제불의 광명보다 훨씬 수승하고, 해와 달보다 천만 억 배나 더 밝도록 하겠나이다. 만약 어떤 중생이 저의 광명을 보아 그의 몸에 비추어 닿기만 해도 안락함을 느끼지 않음이 없고, 자비심으로 선을 행하여 저의 국토에 태어나도록 하겠나이다. 만약 이와 같이 되지 않는다면 저는 정각을 성취하지 않겠나이다.

제15 수명무량원 · 제16 성문무수원

제가 부처 될 적에 저의 수명이 무량하고, 저의 국토에 성문과 천인이 무수하며, 그들의 수명 또한 모두 무량하도록 하겠나이다. 가령 삼천대천세계의 중생들이 모두 연각을 성취하고 백천 겁 동안 함께 계산하여 만약 그 양과 수를 알 수 있다면 정각을 성취하지 않겠나이다.

제17 제불칭탄원

제가 부처 될 적에 시방세계 무량찰토에 계시는 무수한 제불께서 만약 다 같이 저의 명호를 칭양·찬탄하지 않고, 저의 공덕과 국토의 선을 말하지 않는다면 정각을 성취하지 않겠나이다.

제18 십념필생원

제가 부처 될 적에 시방세계 중생들이 저의 명호를 듣고서 지극한 마음으로 믿고 좋아하며, 일체 선근을 순일한 마음으로 회향하고, 저의 국토에 태어나길 발원하여, 내지 십념에 만약 저의 국토에 태어나지 못한다면 정각을 성취하지 않겠나이다. 다만 오역죄를 짓거나 정법을 비방하면 제외될 것입니다.

제19 문명발심원 · 제20 임종접인원

제가 부처 될 적에 시방세계 중생들이 저의

명호를 듣고서 보리심을 발하여 온갖 공덕을 닦고, 육바라밀을 봉행하여 굳건히 물러나지 않으며, 또 일체 선근을 회향하여 저의 국토에 태어나기를 발원하도록 하겠나이다. 일심으로 저를 염하여 밤낮으로 끊어지지 않는다면 목숨이 다하는 때 저는 보살성중과 함께 그 사람 앞에 나타나 맞이하여, 짧은 시간에 곧 저의 국토에 태어나 불퇴전지 보살이 되도록 하겠나이다. 만약 이 서원을 이루지 못한다면 정각을 성취하지 않겠나이다.

제21 회과득생원

제가 부처 될 적에 시방세계 중생들이 저의 명호를 듣고서 저의 국토에 생각을 매어두고, 보리심을 발하여 견고한 신심으로 물러나지 않으며, 온갖 공덕의 근본을 심어 기르고 지극한 마음으로 회향하여 극락세계에 태어나고자 한다면 그 원을 이루지 못하는 이가 없도록 하겠나이다. 만약 과거 숙세에 악업이 있다 하더라도 저의 명호를 듣고서 곧바로 스스로 잘못을 참회하고, 불도를 위해 선을 지으며, 곧 경전의 가르침을 수지하고 계를 지녀서 저의 찰토에 태어나길 발원한다면 그 사람은 목숨이 다할 때 다시는 삼악도에 떨어지지 않고, 즉시 저의 국토에 태어나도록 하겠나이다. 만약 이와 같이 되지 않는다면 정각을 성취하지 않겠나이다.

제22 국무여인원 · 제23 염녀전남원 · 제24 연화화생원

제가 부처 될 적에 저의 국토에는 여성이 없도록 하겠나이다. 만약 어떤 여인이 저의 명호를 듣고서 청정한 믿음을 얻고 보리심을 발하여 여자의 몸을 싫어하고 근심하여 저의 국토에 태어나길 발원한다면, 목숨이 다하는 즉시 바로 남자로 변하여 저의 찰토에 태어나도록 하겠나이다. 시방세계 어떤 부류의 중생들이든 저의 국토에 태어나는 이는 모두 다 칠보 연못의 연꽃에서 화생하도록 하겠나이다. 만약 이와 같이 되지 않는다면 정각을 성취하지 않겠나이다.

제25 천인예경원 · 제26 문명득복원 · 제27 수수승행원

제가 부처 될 적에 시방세계 중생들이 저의 명호를 듣고서 환희심을 내어 믿고 좋아하며, 예배하고 귀의하며, 청정한 마음으로 보살행을 닦아서 제천 · 세간 사람들이 공경하지 않는 이가 없도록 하겠나이다. 만약 저의 명호를 들으면 수명이 다한 후에 존귀한 집에 태어나도록 하고, 육근에 결함이 없도록 하겠나이다. 늘 수승한 범행을 닦도록 하겠나이다. 만약 이와 같이 되지 않는다면 정각을 성취하지 않겠나이다.

제28 국무불선원 · 제29 주정정취원 · 제30 낙여누진류 · 제31 불탐계신원

제가 부처 될 적에 저의 국토에 선하지 않은 이름이 없도록 하겠나이다. 저의 국토에 태어난 모든 중생들이 다 함께 일심으로 정정취에 머물도록 하겠나이다. 영원히 뜨거운 번뇌를 여의고, 청정하고 시원한 마음을 얻

으며, 느끼는 즐거움이 마치 누진 비구와 같아지도록 하겠나이다. 만약 상념이 일어나 몸에 탐착하는 이가 있다면 정각을 성취하지 않겠나이다.

제32 나라연신원 · 제33 광명변재원 · 제34 선담법요원

제가 부처 될 적에 저의 국토에 태어난 모든 중생들이 선근이 무량하고 금강 나라연신의 견고한 힘을 얻도록 하겠나이다. 정수리에서 광명이 밝게 비추고, 일체 지혜를 이루며, 가없는 변재를 획득하도록 하겠나이다. 모든 불법의 비요를 잘 말하고, 경전을 설하며, 불도를 행하여서 그 말씀이 마치 종소리처럼 널리 퍼지도록 하겠나이다. 만약 이와 같이 되지 않는다면 정각을 성취하지 않겠나이다.

제35 일생보처원 · 제36 교화수의원

제가 부처 될 적에 저의 국토에 태어난 모든 중생들이 구경에는 반드시 일생보처에 이르

도록 하겠나이다. 다만 그의 본원이 중생들을 위하는 까닭에 사홍서원의 갑옷을 입고 모든 유정들을 교화하여, 그들이 모두 신심을 내고 보리행을 닦아 보현의 도를 행하도록 하는 이는 제외될 것입니다. 비록 타방세계에 태어날지라도 영원히 악취를 여의도록 하며, 혹은 법문을 설하길 좋아하고, 혹은 법문을 듣기를 좋아하며, 혹은 신족통을 보여서 뜻하는 대로 수습하여서 원만하지 않음이 없도록 하겠나이다. 만약 이와 같이 되지 않는다면 정각을 성취하지 않겠나이다.

제37 의식자지원 · 제38 응념수공원
제가 부처 될 적에 저의 국토에 태어난 중생들에게 구하는 음식과 의복과 갖가지 공양구가 뜻하는 대로 즉시 이르게 하여, 그의 원을 만족시키지 못함이 없도록 하겠나이다. 시방세계 제불께서 그들의 생각에 감응하여 그 공양을 받아 주시도록 하겠나이다. 만약 이와 같이 되지 않는다면 정각을 성취하지 않겠나이다.

제39원 장엄무진원

제가 부처 될 적에 국토의 만물은 장엄·청정하고, 빛나고 화려하며, 형상과 빛깔이 수승하고 특별하며, 미세함이 궁진하고 미묘함이 지극하여 말할 수도 없고 헤아릴 수도 없도록 하겠나이다. 모든 중생들이 비록 천안을 구족하였다 하더라도 그 형상과 빛깔, 광명과 모습, 이름과 수량을 분별하고, 전부 상세하게 말할 수 있다면 정각을 성취하지 않겠나이다.

제40 무량색수원·제41 수현불찰원

제가 부처 될 적에 저의 국토에는 무량한 빛깔의 보배 나무가 있어서, 그 높이가 백천 유순이나 되고, 도량의 나무는 높이가 4백만 리나 되며, 모든 보살 중에서 비록 선근이 하열한 이가 있을지라도 또한 그것을 알 수 있도록 하겠나이다. 제불의 청정국토 장엄을 보고자 한다면 마치 맑은 거울에 얼굴을 비추어 보듯이 모두 보배 나무 사이로 볼 수 있도록 하겠나이다. 만약 이와 같이 되지 않는다면 정각을 성취하지 않겠나이다.

제42 철조시방원

제가 부처 될 적에 제가 머무는 불국토는 광대하고 넓으며, 장엄하고 청정하며, 광명이 마치 거울처럼 밝고 투명하여 시방세계 무량무수의 불가사의한 제불세계를 철저히 비추어서 중생들이 이를 본다면 희유한 마음을 내도록 하겠나이다. 만약 이와 같이 되지 않는다면 정각을 성취하지 않겠나이다.

제43원 보향보훈원

제가 부처 될 적에 아래로는 땅에서부터 위로는 허공에 이르기까지 궁전과 누각, 칠보 연못과 보배 나무 등 국토에 있는 일체 만물이 모두 다 무량한 보배 향이 합하여 이루어지고, 그 향이 시방세계에 두루 퍼져서 그 향을 맡는 중생들은 부처님의 행을 닦도록 하겠나이다. 만약 이와 같이 되지 않는다면 정각을 성취하지 않겠나이다.

제44 보등삼매원 · 제45 정중공불원

제가 부처 될 적에 시방세계 불찰토의 모든 보살성중이 저의 명호를 듣고 나서 모두 청정 · 해탈 · 보등삼매를 체득하고, 일체 깊은 총지를 지니며, 삼매에 머물러 성불에 이르도록 하겠나이다. 선정 속에서 항상 무량무변의 일체 제불께 공양드리고 선정을 잃지 않도록 하겠나이다. 만약 이와 같이 되지 않는다면 정각을 성취하지 않겠나이다.

제46 획다라니원 · 제47 문명득인원 · 제48 현증불퇴원

제가 부처 될 적에 타방세계의 모든 보살성중이 저의 명호를 들으면 생사를 여의는 법을 증득하고 다라니를 획득하도록 하겠나이다. 청정하고 환희하여 평등에 안온히 머

물며, 보살행을 닦고 공덕의 근본을 구족하여, 감응할 때 일·이·삼의 법인을 획득하도록 하겠나이다. 모든 불법에서 불퇴전을 현증할 수 없다면 정각을 성취하지 않겠나이다.

제7품 반드시 정각을 성취하리라

부처님께서는 아난에게 말씀하시길, "이때 법장 비구는 이 서원을 말하고 게송으로 노래하였느니라."

저는 일체세간 뛰어넘은 뜻 세웠으니
반드시 위없는 불도를 이루겠나이다.
이러한 원을 이루지 못한다면
맹세코 저는 등정각을 성취하지 않겠나이다

또한 모든 중생들의 대시주가 되어서
가난한 자, 고통 받는 자를 두루 구제하겠나이다
저 모든 중생들이 기나긴 밤 동안

근심과 고뇌가 없도록 하며
갖가지 선근이 생겨나도록 하여
보리과를 성취하도록 하겠나이다

제가 무상정각을 성취한다면
저의 명호를 「무량수」라고 하리니
저의 명호를 들은 중생들은
함께 저의 찰토에 태어나도록 하겠나이다

부처님처럼 자마진금 빛깔의 몸과
승묘한 상호를 원만히 구족하도록 하겠나이다
또한 그들이 대비심으로
모든 중생들을 이롭게 하도록 하겠나이
욕망을 여의고, 깊은 정념이 생겨서
청정한 지혜로 범행을 닦도록 하겠나이다

원하옵건대, 저의 지혜광명이
시방 제불세계에 두루 비추어서
세 가지 때의 어두움을 제거하고
밝은 지혜로 온갖 액난을 구제하도록 하겠나이다

중생들에게 삼악도의 고통을 버리게 하고
갖가지 번뇌의 어두움을 소멸하게 하여
저들이 갖춘 지혜의 눈을 열어주고
여래의 광명법신을 증득하도록 하겠나이다

갖가지 악취의 길 닫아 막고
선취의 문을 활짝 열어 주며
중생들을 위해 법의 창고 열어
공덕의 보배를 널리 베풀도록 하겠나이다

지혜가 부처님과 상응해 걸림 없고
부처님처럼 자비의 행을 실행하여
항상 부처님처럼 제천·인간의 스승이 되고
삼계의 영웅이 되도록 하겠나이다

사자후의 음성으로 설법하여서
모든 유정들을 널리 제도하도록 하겠나이다
제가 옛적에 발한 서원을 원만히 이루어서
일체중생이 모두 평등하게 성불하도록 하겠나
이다

제가 발한 이 서원을 원만히 성취해내면
대천세계 제불성중이 모두 마땅히 감동하고
공중에서는 제천의 선신·호법신들이 환희하며
진기하고 미묘한 하늘 꽃을 비오듯 내려주리다

부처님께서 아난에게 말씀하시길, "법장 비구가 이 게송을 읊고 나자 이때 상스러운 감응이 있어 두루 대지가 6종으로 진동하였고, 하늘에서는 미묘한 꽃이 비 오듯 내려와 법회가 열리는 상공 위로 흩날렸으며, 공중에서 저절로 음악이 울리면서 찬탄하여 말하길, 「법장 비구는 반드시 무상정각을 성취하리라.」"

제8품 무량공덕을 쌓아나가다
"아난아, 법장 비구는 세자재왕 여래 앞에서, 제천·인간 대중 가운데서 이러한 홍원을 발하고서 진실의 지혜에 머물며, 용맹

정진하고, 일향으로 뜻을 전일하게 하여 미묘한 국토를 장엄하였느니라. 그가 수행하여 성취한 불국토는 확 트여 통해 있고, 끝도 없이 광대하며, 제불국토보다 수승하고 홀로 미묘하며, 건립된 국토는 영원히 변치 않아 일체 만물이 쇠하지도 않고 변하지도 않느니라.

법장 비구는 무량겁에 덕행을 쌓고 심어서 탐·진·치·욕망·일체 망상을 일으키지 않았고, 색·성·향·미·촉·법에 집착하지 않았으며, 다만 과거 제불께서 닦으시던 선근을 좋아하고 억념하면서 적정 행을 행하여 헛된 망상을 멀리 여의었고, 진제 문에 의지하여 온갖 덕의 근본을 심었느니라. 온갖 괴로움을 따지지 않고 작은 것에 만족하면서, 오로지 선법만을 구하여 모든 중생들에게 진실한 이익을 베풀어 그들을 이롭게 하였으며, 뜻과 원을 이루는데 지치지 않는 인내력을 성취하였느니라.

모든 유정들에게 늘 자비롭고 인내하는 마

음을 품고서 온화한 얼굴과 따뜻한 말씨로 권유하고 채찍질하며, 삼보를 공경하고 스승과 어른을 받들어 모시며, 거짓으로 속이고 굽혀서 아첨하는 마음이 없었느니라. 법장 비구가 온갖 행위로 장엄하고 궤범을 구족할 수 있었던 것은, 일체만법이 환 같다 관하여 일체경계에 삼매를 누리고 적정을 유지할 수 있었기 때문이니라. 한편으로는 구업을 잘 지켜서 남의 허물을 비난하지 않았고, 신업을 잘 지켜서 율의를 잃지 않았으며, 의업을 잘 지켜서 청정하고 물들지 않았느니라.

모든 대도시와 작은 촌락, 가족권속과 진귀한 보배 등에 결코 집착하지 않았으며, 항상 보시·지계·인욕·정진·선정·지혜의 육바라밀 행으로 중생들을 교화하여 안립하게 하고, 위없는 진정한 도에 머물렀느니라. 이와 같이 갖가지 선근을 성취하였기 때문에 태어나는 곳마다 무량한 보배창고가 저절로 감응하여 나타났나니, 혹은 장자나 거사, 부유한 집안이나 존귀한 신분이 되기도 하였고, 혹은 찰제리 국왕이나 전륜성왕이 되기도 하였으며, 혹은 육욕천의 천주 내지는 범왕이 되기도 하였느니라.

또한 제불의 처소에서 일체 제불을 존중하고 공양하길 중단한 적이 없었나니, 이와 같은 공덕은 이루 다 말로 설명할 수 없느니라.

그의 몸과 입에서는 전단향과 우발라화처럼 늘 무량한 미묘한 향기가 흘러 나왔고, 그 향기가 무량세계에 두루 배였느니라. 태어나는 곳마다 상호가 단정 장엄하여 32상 80종호를 모두 구족하였느니라. 그의 손에서는 늘 다함이 없는 보배와 장엄 도구들이 흘러나왔으니, 일체가 구하는 것들이고 최상의 물건들로 유정들에게 이롭고 그들이 좋아하는 것이었느니라.

이러한 인연으로 무량한 중생들이 모두 다 아뇩다라삼먁삼보리심을 발하도록 하였느니라."

제9품 수행과 공덕을 원만하게 성취하다

부처님께서 아난에게 말씀하시길, "법장 비구는 보살행을 닦아 무량무변한 공덕을 쌓아서 일체법에 자재함을 얻었으니, 이는 언어로 분별하여 알 수 있는 것이 아니니라. 그가 발한 서원을 원만히 이루어서 제법의 진여실상에 안온히 머물러 있었던 까닭에 장엄·위덕·광대함이 가없는 청정불토를 구족하였느니라."

아난은 부처님께서 하신 말씀을 듣고 세존께 여쭈길, "법장보살로 보리를 성취하신 분께서는 과거의 부처님입니까? 미래의 부처님입니까? 아니면 지금 현재 타방세계에 계신 부처님입니까?"

세존께서 말씀하시길, "저 여래 부처님께서는 오셔도 오시지 않고, 가셔도 가시지 않으며, 태어나시지도 입멸하시지도 않으니, 과거의 부처님도 현재의 부처님도 미래의 부처님도 아니니라.

다만 중생 제도의 원을 실행하시기 위해

현재 서방에 나타나 계시느니라. 염부제에서 백천 구지 나유타 불찰토나 떨어진 곳에 세계가 있나니, 「극락」이라 이름하느니라. 법장 비구가 성불하셨으니, 명호를 「아미타」라 하느니라. 성불하신 이래 지금까지 십겁이 지났으며, 지금 극락세계에 나타나 계시며 설법하고 계시느니라. 무량무수의 보살과 성문 대중이 있어 아미타부처님을 공경하며 둘러싸고 있느니라."

제10품 모두 아미타부처님처럼 되길 발원하다

부처님께서 아미타부처님이 보살이 되어 이 홍원을 구해 성취하였다고 말씀하셨을 때, 아사세 왕자와 5백 명의 대장자들은 이 말씀을 듣고 모두 크게 환희하였다.

각자 금빛 화개를 하나씩 가지고 모두 부처님 앞으로 와서 예를 올렸나니, 화개를 부처님께 공양하고 나서 바로 한쪽 자리로 물러나 앉아 경을 듣고서 마음속으로 발원하길, "저희들이 부처 될 적에 모두 아미타부처님처럼 되게 하옵소서."

부처님께서 즉시 그들의 마음을 알아차리시고, 모든 비구들에게 말씀하시길, "이들 왕자 등은 나중에 부처가 될 것이니라. 그들은 이전 세상에서 보살도에 머물렀고, 무수 겁 이래로 4백억 부처님께 공양하였느니라. 가섭불 때에 그들은 나의 제자였고, 지금도 내게 공양하러 와서 다시 만나게 된 것이니라."

그때 모든 비구들은 부처님 말씀을 듣고서 그들을 대신하여 모두 기뻐하였다.

제11품 극락세계의 장엄청정

부처님께서 아난에게 말씀하시길, "저 극락세계는 무량한 공덕장엄을 구족하고 있느니라. 온갖 괴로움과 모든 고난, 악취와 마장·번뇌의 이름도 영원히 없느니라.

또한 사계절, 추위와 더위, 흐리고 비 오는 등의 기후변화가 없으며, 다시 크고 작은 강과 바다, 구릉과 구덩이, 가시나무와 자갈밭, 철위산·수미산·토석산 등의 지리환경의 차이가 없느니라.

땅은 저절로 칠보와 황금이 이루어져 있고, 넓고 반듯하여 한계가 없고, 미묘·기특하여 아름다우며, 청정 장엄이 시방 일체 세계를 뛰어넘느니라."

아난이 부처님의 말씀을 듣고 나서 세존께 여쭈길, "만일 저 국토에 수미산이 없다면 그 사천왕천과 도리천은 무엇에 의지하여 머뭅니까?"

부처님께서 아난에게 말씀하시길, "야마천과 도솔천, 내지 색계·무색계의 일체 제천들은 무엇에 의지해 머무느냐?"

아난이 부처님께 아뢰길, "불가사의한 업력의 소치입니다."

부처님께서 아난에게 말씀하시길, "그대는 불가사의한 업력을 알고 있느냐? 그대 자신의 과보도 불가사의하고, 중생의 업보 또한 불가사의하며, 중생의 선근도 불가사의하고, 제불의 위신력과 제불의 세계 또한 불가사의하니라. 그 국토의 중생들은 공덕과 선근의 힘에 의지하고, 아미타부처님의 행업으로 성취한 땅이며, 아미타부처님의 위신력으로 성취한 까닭에 이렇게 안온히 머물 수 있느니라."

아난이 말하길, "중생의 업인과보는 불가사의합니다. 저는 이 법에 대하여 실로 어떤 의혹도 없지만, 미래 중생들을 위해 의혹의 그물을 찢어버리고자 하는 까닭에 이 질문을 했을 따름입니다."

제12품 광명이 시방세계를 두루 비추다

부처님께서 아난에게 말씀하시길, "아미타부처님의 위신 광명은 가장 존귀하고 제일로 뛰어나서, 시방제불의 광명은 미칠 수 없느니라. 아미타부처님의 광명이 동방세계 항하의 모래알만큼이나 많은 불찰토를 두루 비추고, 남방·서방·북방, 사유·상하도 또한 이와 같이 비추느니라.

제불의 정수리 위에 화현한 원광은 그 크기가 혹 일·이·삼·사 유순이고, 혹 천만억 유순이며, 제불의 광명은 혹 일·이 불찰토를 비추고, 혹 백천 불찰토를 비추느니라. 오직 아미타부처님의 광명만이 무량·무변·무수의 불찰토를 두루 다 비추느니라. 제불의 광명이 비추는 거리가 멀고 가까운 것은 본래 이전 세상에서 도를 구할 때 일으킨 서원과 공덕의 크기가 크고 작아 같지 않기 때문이니라. 그들이 부처 될 적에 각자 저절로 다른 과보를 얻게 되나니, 이것은 저절로 성취되는 것이지, 미리 계획하여 만들어지는 것이 아니니라.

아미타부처님의 광명은 아름답고 보기 좋아서 해와 달의 광명보다도 천억 배나 더 밝고, 광명 중에 지극히 존귀하며, 부처님 중의 왕이니라.

이런 까닭에 무량수불은 또한 명호가 무량

광불이고, 또한 명호가 무변광불·무애광불·무등광불이고, 또한 명호가 지혜광·상조광·청정광·환희광·해탈광·안온광·초일월광·부사의광이니라.

이와 같은 광명이 시방 일체 세계를 두루 비추니, 인연이 있어 그 광명을 보는 중생들은 마음의 때가 멸하고, 선한 마음이 생겨나며, 몸과 뜻이 부드러워지느니라. 만약 삼악도의 극심한 고통을 받는 곳에 있다 해도 이 광명을 보기만 하면 모두 휴식을 얻게 되며, 수명이 다한 뒤에는 모두 해탈을 얻게 되느니라.

만약 어떤 중생이 그 광명·위신·공덕을 듣고서 지극한 마음으로 중단하지 않고 밤낮으로 칭양·찬탄한다면 뜻하는 대로 그 국토에 태어나게 될 것이니라."

제13품 극락세계에는 수명과 대중이 무량하다

부처님께서 아난에게 말씀하시길, "무량수불께서는 수명이 무한히 길어서 말로 표현할 수도, 숫자로 헤아릴 수도 없느니라.

또한 무수한 성문 대중은 모두 신통과 지혜에 통달하고, 그 위신력이 자재하여서 손바닥에 일체 세계를 수용할 수 있느니라.

나의 제자 중 대목건련은 신통력이 제일인데, 삼천대천세계에 존재하는 모든 별자리 중생들의 숫자를 하루 밤낮에 다 알 수 있느니라.

설사 시방세계 중생들이 모두 연각을 성취하여, 한 분 한 분의 연각들이 수명이 만억 세가 되고, 신통력도 모두 대목건련과 같다 하고, 그 수명이 다하고 그 지혜의 힘이 마르도록 다 함께 그 수를 세어본다 할지라도 저 부처님의 법회에 모인 성문 숫자의 천만 분의 일에도 미치지 못하니라.

비유컨대 큰 바다가 깊고 광대하며 끝이 없는데, 가령 털 한 가닥을 취해 백 개로 등분하여 미세한 먼지같이 부수어서 그 가운데 털 먼지 한 알로 바닷물을 한 방울 적신다면, 이 털 먼지의 물과 이 바닷물 중 어느 것이 더 많겠는가? 아난아, 저 목건련 등이 알고 있는 숫자는 저 털 먼지의 물과 같고, 아직 알지 못하는 것은 큰 바닷물과 같으니라.

저 부처님의 수명과 여러 보살·성문·천인의 수명 또한 그러하니, 계산이나 비유로 알아낼 수 있는 것이 아니니라."

제14품 보배 나무가 국토에 두루 가득하다

"저 여래의 국토에는 여러 가지 보배 나무가 있는데, 혹은 순금나무·순은나무·유리나무·수정나무·호박나무·미옥나무·마노나무로 이들은 오직 한 가지 보배만으로 이루어져 있고, 다른 보배가 뒤섞여 있지 않느니라.

혹은 두 가지 보배, 세 가지 보배, 내지 칠보

가 바꿔가며 함께 합하여 이루어지나니, 뿌리·가지·줄기가 이런 보배로 이루어지면, 꽃·잎·열매는 다른 보석으로 변화하여 만들어져 있느니라. 혹은 어떤 보배 나무는 뿌리가 황금으로 되어있고, 줄기는 백은으로 되어 있으며, 큰 가지는 유리로 되어 있고, 작은 가지는 수정으로 되어 있으며, 잎은 호박으로 되어 있고, 꽃은 미옥으로 되어 있으며, 열매는 마노로 되어 있느니라. 그 나머지 여러 나무들도 칠보가 서로 바꿔가며, 뿌리·줄기·가지와 잎· 꽃·열매가 되어서 갖가지로 함께 이루어져 있느니라. 보배 나무는 각각 종류별로 줄지어, 한 줄 한 줄 서로 알맞게 자리 잡고 있느니라. 줄기와 줄기는 서로 잘 배열되어 있고, 나뭇가지와 잎은 서로 마주보고 있으며, 꽃과 열매는 서로 대칭이고, 무성하게 자란 나무의 빛깔 광명이 찬란하게 빛나니, 너무나 수승하여 바라볼 수가 없느니라.

맑은 바람이 때에 맞추어 일어나면 보배

나무가 바람 따라 흔들리며 오음의 소리가 울려 나오고, 미묘한 궁·상·각·치·우의 소리가 저절로 서로 조화를 이루니라. 이런 일체 보배 나무들이 그 국토에 두루 펼쳐져 있느니라."

제15품 무량수불 극락도량의 보리수

"또한 그 도량에는 보리수가 있나니, 높이가 4백만 리나 되고, 그 몸통의 둘레가 5천 유순이나 되며, 나뭇가지와 잎이 사방으로 2십만 리나 뻗어 있느니라.

일체 온갖 보배들이 저절로 합하여 이루어져 있고, 꽃과 열매가 열려서 무성하며, 광채가 두루 비추고 있느니라. 게다가 온갖 보배 중의 왕인 홍·녹·청·백색의 여러 마니 보배로 된 영락이 있고, 운취보 사슬로 장식된 여러 보배 기둥이 있으며, 금·진주로 된 방울이 나뭇가지 사이에 두루 달려 있고, 진기하고 오묘한 보배 그물이 그 위를 덮고 있느니라. 백천만 가지 빛깔이 서로 비추어 장식하고 있고, 무량한 광염이 끝닿는 데 없이 비추어서 일체 장엄이 중생의 마음에 따라 감응하여 나타나느니라.

미풍이 서서히 불어와 모든 나뭇가지와 잎을 흔들어 무량한 묘법을 연주하고, 그 소리가 제불 국토에 두루 퍼져서 청정 상쾌하여 자비심과 지혜가 일어나고, 미묘·평안·단아하니, 시방세계 소리 가운데 가장 제일이니라.

만약 어떤 중생이 보리수를 보거나, 소리를 듣거나, 향기를 맡거나, 그 열매를 맛보거나, 그 빛과 그림자에 닿거나, 보리수의 공덕을 생각하면 모두 다 육근이 청정·명철해져서 갖가지 번뇌와 근심이 없어지며, 불퇴전의 자리에 안온히 머물러서 불도를 이루는 경지에 이르게 되느니라.

또한 저 보리수를 보게 된 까닭에 세 가지 법인을 획득하나니, 첫째는 음향인이고, 둘째는 유순인이며, 셋째는 무생법인이니라."

부처님께서 아난에게 말씀하시길, "이와 같

이 불찰토에는 꽃·열매·나무가 모든 중생
들에게 불사를 짓게 하나니, 이것은 모두
무량수불의 위신력인 까닭이며, 본원력인
까닭이며, 홍원을 원만히 실현하신 까닭이
고, 지혜를 성취하고, 물러남 없이 견고하
며, 구경성불을 돕는 서원인 까닭이니라."

제16품 무량수불 극락도량의 당사와 누각
"또한 무량수불의 강당과 정사, 누각과 난순
또한 모두 다 칠보가 저절로 변화해서 이루
어진 것이니라. 게다가 하얀 구슬·마니보
로 된 영락이 그물처럼 교차하며 매달려
장식하고 있으니, 그 광명의 미묘함은 비할
데가 없느니라. 일체 보살 성중이 거주하는
궁전도 또한 이와 같으니라.
그 중에는 지상에서 경전을 강설하거나 경
전을 암송하는 이도 있고, 지상에서 경전의
가르침을 받거나 듣는 이도 있으며, 경행을
하는 이도 있고, 경전의 뜻을 사유하기도
하며, 좌선을 하는 이도 있느니라. 허공에서

경전을 강설하거나 암송하거나 가르침을 받거나 듣는 이도 있으며, 경행하고, 경전의 뜻을 사유하기도 하며, 좌선을 하는 이도 있느니라.

혹은 수다원과를 증득한 이도 있고, 혹은 사다함과를 증득한 이도 있으며, 혹은 아나함과와 아라한과를 증득한 이도 있느니라. 그리고 아직 불퇴전지를 증득하지 못한 이도 바로 불퇴전지를 증득하게 되느니라. 각자 도를 염하고, 도를 설하며, 도를 행함이 자재하여, 환희하지 않는 사람이 없느니라."

제17품 무량수불 극락도량의 연못 팔공덕수

"또한 그 강당의 좌우에는 칠보 연못이 교차하여 흐르고 있느니라.

보배 연못은 길이와 넓이, 깊고 얕음이 모두 각각 하나로 같아서 잘 어울리느니라. 그 크기는 혹 십 유순, 이십 유순, 내지 백천 유순이나 되기도 하느니라. 그 연못의 물은 맑고 투명하며 향기롭고 청결하며, 8종 공덕을 구족하고 있느니라.

연못가 언덕에는 무수한 전단향 나무와 길상과 나무가 있어 꽃과 열매에서 항상 향기를 풍기고 광명이 밝게 비추고 있느니라. 긴 나뭇가지와 무성한 잎이 서로 교차하면서 연못을 덮고 있고, 갖가지 향기를 풍기니, 세상에 능히 비교할 만한 것이 없느니라. 바람을 따라 향기를 흩뿌리고, 물결을 따라 향기를 흘러 보내느니라.

또한 다시 연못은 칠보로 장식되어 있고, 연못 바닥에는 금모래가 깔려있으며, 푸른 연꽃인 우발라화·붉은 연꽃인 발담마화·노란 연꽃인 구모두화·흰 연꽃인 분다리화 등 갖가지 빛깔과 광명의 연꽃들이 무성하게 물 위를 두루 덮고 있느니라.

만약 저 중생들이 그 물에서 목욕을 하려고 하면, 발목까지 왔으면 하거나, 무릎까지

왔으면 하거나, 허리나 겨드랑이까지 왔으
면 하거나, 목까지 왔으면 하거나, 혹 온몸을
푹 담갔으면 하거나, 혹 차가웠으면, 따뜻했
으면, 급히 흘렀으면, 완만히 흘렀으면 하여
도 그 물은 한 방울 한 방울 중생들의 뜻에
따르느니라. 그 연못의 물에 목욕하면 개오
를 얻고 심신이 즐거워지느니라. 또한 연못
의 물은 맑고 청정하여 마치 허공처럼 형상
이 없느니라. 연못 바닥은 보배 모래가 환히
비추어 드러나고, 아무리 깊어도 비치지 않
는 곳이 없느니라.
칠보 연못에는 잔잔한 물결이 서서히 돌아
흐르고, 서로 번갈아 가며 흘러드느니라.
물결이 무량한 미묘한 음성을 일으키니, 듣
는 사람에 따라 원하는 대로 혹은 불법승의
소리, 바라밀다의 소리, 망상을 그친 적정의
소리, 생함도 멸함도 없는 소리, 십력무외의
소리를 듣기도 하고, 혹은 무성·무작·무
아의 소리, 대자대비·대희대사의 소리, 감
로로 관정하여 과위를 받는 소리를 듣기도

하느니라.

이와 같이 갖가지 소리를 듣고 나서 그 마음이 청정해져서 일체 분별심이 없어지고, 정직하고 평등한 마음을 갖게 되며, 곧 일체 선근을 성숙시킬 수 있고, 각자 그 들리는 소리에 따라서 법과 상응하게 되느니라. 또한 그 소리를 듣고자 하는 사람은 바로 혼자 들을 수 있지만, 듣고자 하지 않으면 조금도 들리지 않느니라. 극락세계 사람들은 아뇩다라삼먁삼보리심에서 영원히 물러나지 않게 되느니라.

시방세계에서 왕생한 모든 사람들은 누구나 다 칠보 연못의 연꽃에서 저절로 화생하여, 모두 청허의 몸과 무극의 몸을 받게 되느니라. 그리고 다시는 삼악도·번뇌·고난의 명칭을 듣지 않고, 가설방편으로 지어낸 것조차 없으니, 하물며 실제의 괴로움이 있겠느냐? 다만 저절로 즐거운 소리만 있는 까닭에 그 국토의 이름을 「극락」이라고 하느니라."

제18품 시방세계를 뛰어넘는 희유한 환경

"저 극락국토 모든 중생들은 생김새와 형상이 미묘하여 이 세계의 모든 사람들을 뛰어넘어 희유하고, 모두가 같은 부류로 차별의 상이 없지만, 나머지 타방세계의 풍속에 수순하는 까닭에 천인의 명칭이 있느니라."

부처님께서 아난에게 말씀하시길, "비유컨대 세간의 가난하고 괴로운 거지가 제왕의 옆에 서 있으면 생김새와 형상을 어찌 견주겠는가? 제왕을 만약 전륜성왕과 비교하면 제왕이 곧 남루하게 보여 마치 저 걸인이 제왕 옆에 있는 것과 같으니라. 전륜성왕의 위덕과 상호가 제일이라 해도 도리천왕과 비교하면 또한 다시 추하고 하열해 보이니라. 가령 제석천왕을 제육천왕과 비교한다면 설사 백천 배 하여도 서로 비교할 수 없느니라. 제육천왕을 만약 극락국토 중의 보살 성문의 광채가 나는 생김새와 형상과 비교한다면 비록 만억 배 하여도 서로 미치지 못하느니라.

극락세계 중생들이 사는 궁전·의복·음식은 마치 타화자재천왕이 누리는 것과 같을지라도 위덕·계위·신통변화는 일체 천인들이 견줄 수 없어 백천 만억 배 하여도 계산할 수 없느니라.

아난아, 마땅히 알아야 하나니, 무량수불의 극락국토는 이와 같은 공덕 장엄이 불가사의하니라."

제19품 필요한 것들이 풍족하게 갖추어져 있다

"그리고 또 극락세계 모든 중생들은 혹 이미 왕생하였거나 혹 현재 왕생하고 있거나 혹 앞으로 왕생하거나 모두 이와 같이 여러 미묘한 색신을 얻게 되고, 모습이 단정 엄숙하며, 복덕이 무량하고, 지혜가 또렷하며, 신통이 자재할 것이니라.

궁전, 의복과 장신구, 향과 꽃, 당번과 산개 등 장엄하는 도구에 이르기까지 필요한 것들이 갖가지로 풍족하게 갖추어져 있으니, 구하는 것은 무엇이든지 뜻하는 대로 모두 다 나타나느니라.

만약 음식을 먹고 싶을 때는 칠보그릇이 저절로 앞에 나타나고, 갖가지 맛있는 음식이 저절로 그릇에 가득 담길 것이니라. 비록 이 음식이 있다 해도 실제로 먹는 자는 없나니, 다만 음식의 빛깔을 보고 냄새를 맡으며 마음으로 식사를 하느니라. 형상과 체력이 증가하지만 더러운 배설은 없으며, 몸과 마음이 부드러워 맛에 집착함이 없느니라. 식사를 마치면 음식현상이 변하여 사라지고, 식사 때가 되면 다시 나타나느니라.

또한 온갖 보배로 만든 미묘한 옷과 모자, 허리띠와 영락이 있으니, 무량한 광명과 백천 가지 미묘한 빛깔이 모두 다 갖추어져 저절로 몸에 딱 맞게 입혀지느니라.

그들이 사는 집은 그 형상과 빛깔이 알맞게 조화를 이루고, 보배 그물이 가득 덮여 있고, 온갖 보배 방울이 매달려 있으며, 그 모습이 기묘하고 진기하며 두루 교차해 꾸며져 있느니라. 광명과 빛깔이 황홀하게 빛나며, 지극히 장엄하고 아름다우니라. 누각과 난순, 당우와 방각의 처소는 넓고 좁은 것이나, 각지고 둥근 것이나, 크거나 작거나, 허공에 있거나 평지에 있거나, 모두 청정·안온하고, 미묘하고 즐거우니라. 이 모든 것들이 생각에 응하여 앞에 나타나게 되니, 어느 것 하나 갖추어져 있지 않음이 없느니라."

제20품 공덕의 바람 불고 꽃비 내리다

"그 불국토에는 언제나 정해진 시간마다 저절로 공덕의 바람이 서서히 일어나 일체 보배 그물과 온갖 보배 나무로 불어와서 미묘한 소리를 내며 고와 공, 무상과 무아, 일체 바라밀을 연설하느니라.

수많은 종류의 온화하고 단아한 덕의 향기를 퍼져나가게 하여서 그 향기를 맡은 자는 번뇌와 습기의 때가 저절로 일어나지 않느니라.

공덕의 바람이 그의 몸에 닿으면 온화한 느낌이 들고 마음을 고르게 하고 뜻을 편안하게 하니, 이러한 느낌은 마치 비구가 멸진정을 얻는 것과 같으니라.

그리고 공덕의 바람이 칠보 나무숲에 불어오면 흩날리는 꽃잎이 무리를 이루어 갖가지 빛깔과 광명이 불국토를 두루 가득 채우고, 꽃은 빛깔에 따라 순서를 이루어 어지럽게 뒤섞이지 않으며, 부드럽게 빛나고 정결하여 마치 도라면과 같으니라. 꽃들을 밟으면 손가락 네 마디 정도 깊이 빠졌다가, 발을 든 후에는 다시 처음과 같게 되느니라.

정해진 시간이 지난 후 그 꽃들은 저절로 사라져서 대지는 청정해졌다가 다시 새로운 꽃비가 내리는데, 밤낮 여섯때에 따라 또다시 꽃비가 내려 대지를 두루 덮어 이전과 다름없이 아름다운 모습이니, 이와 같이 여섯 차례 순환하느니라."

제21품 보배 연꽃과 부처님 광명

"또한 온갖 보배 연꽃이 극락세계에 두루 가득하고, 하나하나의 보배 연꽃 송이마다 백천 억의 꽃잎이 있고, 그 꽃잎의 광명은 무량한 종류의 빛깔이니, 푸른 연꽃에서는 푸른 광명이 빛나고, 흰색 연꽃에서는 흰 광명이 빛나며, 검정·노랑·주홍·자주의 광명 빛깔도 또한 그러하니라. 다시 무량하고 미묘한 보배와 백천 가지 마니보배가 진기하게 서로 비추어 장식하고, 해와 달처럼 밝게 비추니라. 저 연꽃의 크기는 혹 반유순, 혹 일·이·삼·사, 내지 백천 유순에 이르고, 하나하나의 꽃송이마다 36백천 억 광명이 나오느니라.

하나하나의 광명마다 36백천 억 화신불께서 나타나시니, 화신불의 색신은 자마금색이고, 상호는 수승하고 장엄하시니라. 한 분 한 분의 일체 화신불께서는 또 백천 광명을 놓으시고, 시방세계 중생들을 위하여 미묘 법문을 두루 연설하시니라. 이와 같이 일체 화신불께서는 무량한 중생들을 염불성불의 바른 도법에 각각 안온히 건립하도록 도와주시느니라."

제22품 구경의 불과를 결정코 증득하리라

"그리고 또 아난아, 저 불국토에는 황혼과 어두움도 없고, 불빛도 없고, 해와 달도 없고, 별빛도 없고, 낮과 밤의 현상도 없으며, 또한 세월 겁수의 명칭도 없느니라. 또한 머물러 사는 집에 대한 집착도 없고, 일체 처소에 표식도 명칭·번지수도 이미 없으며, 또한 일체 경계의 취사분별도 없느니라. 오직 청정한 최상의 즐거움만 누리느니라. 만약 어떤 선남자 선여인이 이미 왕생하였거나 앞으로 왕생할 것이거나 누구나 다 정정취에 머물러서 결정코 아뇩다라삼막삼보리를 증득하게 될 것이니라. 왜 그러한가? 만약 사정취이거나 부정취에 머문다면 아미타부처님께서 건립하신 극락세계에 왕생하여 성불하는 정인을 깨달아 알 수 없기 때문

- 73 -

이니라."

제23품 시방제불께서 찬탄하시다

"그리고 또 아난아, 동방에는 항하의 모래알 수만큼이나 많은 세계가 있고, 그 하나하나의 세계 가운데 계시는 항하의 모래알만큼이나 많은 부처님께서 각자 광장설상을 내밀고, 무량한 광명을 놓으시며, 참되고 진실한 말씀으로 무량수불의 불가사의한 공덕을 칭양·찬탄하시느니라.

남방·서방·북방에 항하의 모래알만큼이나 많은 세계에 계시는 제불께서 칭양·찬탄하심도 또한 다시 이와 같으니라. 또 사유·상하에 항하의 모래알만큼이나 많은 세계에 계시는 제불께서 칭양·찬탄하심도 또한 이와 같으니라.

왜 그러한가? 타방 세계의 모든 중생들이 저 부처님의 명호를 듣고 청정한 마음을 내어 억념·수지하도록 하시고, 귀의·공양하도록 하시며, 나아가 능히 일념의 청정한 민음을 내고, 일체 선근을 지극한 마음으로 회향하여 저 국토에 왕생하길 발원하도록 하시려는 것이니라. 그 발원한 대로 모두 왕생하여 불퇴전지를 얻고 나아가 무상정등보리를 증득하느니라."

제24품 삼배왕생의 조건과 그 과보

부처님께서 아난에게 말씀하시길, "시방세계 제천의 사람들로 그 중에 지극한 마음으로 저 나라에 태어나길 바라는 자가 있으니, 무릇 세 가지 부류가 있느니라.

그 중에서 상배인 사람은 집을 버리고 욕심을 버리고서 사문이 되어, 보리심을 발하고 일향으로 아미타부처님을 전념하며, 여러 공덕을 닦아 저 극락에 태어나길 발원하느니라.

이러한 중생들은 수명이 다하는 때 아미타부처님께서 여러 성중들과 함께 그 사람의

앞에 나타나시고, 짧은 시간이 지나 곧 저
부처님을 따라 그 국토에 왕생하며, 문득
칠보 연꽃에서 저절로 화생하여 지혜와 용
맹을 얻고, 신통이 자재하게 되느니라.
그러므로 아난아, 그 어떤 중생이 지금 세상
에서 아미타부처님을 친견하고자 한다면 마
땅히 위없는 보리심을 발하여야 하고, 다시
극락세계를 전념해야 하며, 선근을 쌓고 모
아서 지니고 회향하여야 하느니라. 이로 인
해 부처님을 친견하고 저 국토에 태어나서
불퇴전지를 얻고 나아가 위없는 보리를 증
득하느니라.
그 중배의 사람은 비록 사문이 되어 수행하
며 공덕을 크게 닦을 수 없어도 위없는 보리
심을 발하고 일향으로 아미타부처님을 전념
하느니라. 자기 연분에 따라 수행하여 여러
좋은 공덕을 쌓나니, 재를 봉행하고 계행을
지키며, 탑과 불상을 세우며, 사문에게 식사
를 공양하며, 비단 깃대를 걸고 등불을 밝히
며, 꽃을 뿌리고 향을 사르느니라. 이로써

회향 발원하여 저 국토에 태어나길 발원하
느니라.

그 사람이 임종할 때 아미타부처님께서 그
몸을 화현하시니, 부처님의 진신과 같은 광
명과 상호를 지니고 계시며, 일체 대중에게
앞뒤로 둘러싸인 채로 함께 그 사람 앞에
나타나셔서 그를 거두어 인도하시니, 곧바
로 화현하신 부처님을 따라 그 국토에 왕생
하고, 불퇴전지에 머물러 위없는 보리를 증
득하느니라. 공덕과 지혜는 상배 사람의 다
음과 같으니라.

그 하배의 사람은 설사 여러 공덕을 지을
수는 없지만, 위없는 보리심을 발하고 일향
으로 아미타부처님을 전념하며, 환희심으
로 믿고 좋아하며, 의심을 내지 않고, 지극히
성실한 마음으로 그 국토에 태어나길 발원
하느니라.

이 사람이 임종할 때 꿈에 저 부처님을 친견
하면 또한 왕생을 얻게 되느니라. 공덕과
지혜는 중배 사람의 다음과 같으니라.

만약 어떤 중생이 대승법문에 머무르며 한결같이 수행하고 청정한 마음으로 아미타부처님을 향하여 내지 십념이라도 그 국토에 태어나길 발원하거나, 매우 깊은 염불법문을 듣고서 즉시 믿고 이해하여 내지 일념의 청정한 마음을 획득하고서 일념의 마음을 발하여 저 부처님을 염하면, 이 사람이 목숨을 마칠 때에 꿈속에서 아미타부처님을 친견하고, 반드시 저 국토에 왕생하여 불퇴전지를 얻고 위없는 보리를 증득하게 되느니라."

제25품 삼배왕생의 정인

"그리고 또 아난아, 만약 어떤 선남자 선여인이 이 경전을 듣고 수지·독송·서사·공양하면서 밤낮으로 중단 없이 극락찰토에 태어나길 간구한다면, 보리심을 발하고 온갖 금계를 지니고 견고히 지켜서 범하지 않는다면, 유정들을 널리 이롭게 하고, 자신이 지은 선근까지도 전부 베풀어서 안락을 얻

도록 하며, 자신도 서방극락의 아미타부처
님과 저 국토를 억념한다면 이 사람의 목숨
이 다할 때 부처님과 같은 색신 상호와 온갖
공덕장엄을 지니고 보배 찰토에 태어나서
곧바로 아미타부처님을 친견하고 법문을 들
으며 영원히 물러나지 않느니라.

그리고 또 아난아, 만약 어떤 중생이 저 국토
에 태어나고자 한다면 비록 크게 정진하여
선정을 닦을 수 없다 하더라도 경전과 계율
을 수지하면서 선업을 지어야 하느니라. 이
른바 첫째 살생을 하지 말며, 둘째 도둑질을
하지 말며, 셋째 삿된 음행을 짓지 말며,
넷째 거짓말을 하지 말며, 다섯째 꾸미는
말을 하지 말며, 여섯째 험한 말을 하지 말며,
일곱째 이간질하는 말을 하지 말며, 여덟째
탐내지 말며, 아홉째 성내지 말며, 열째 어리
석지 말지니라. 이와 같이 밤낮으로 극락세
계 아미타부처님의 온갖 공덕과 온갖 장엄
을 사유하고, 지극한 마음으로 귀의하여 정
례하고 공양을 올린다면, 이 사람이 임종할

때 놀라지도 두려워하지도 않고 마음이 전도되지도 않으며 곧바로 저 불국토에 왕생하게 될 것이니라.

만약 하는 일과 지닌 물건이 번다하여 집을 떠날 수 없고, 재계를 크게 닦아 일심을 청정하게 할 겨를이 없다면 한가한 시간이 날 때 심신을 단정히 하여 욕심을 끊고, 근심을 내려놓고서 자비심으로 정진할지니라. 진노하거나 질투하지 말며, 음식을 탐하지도 아까워하지도 말며, 도중에 후회하지 말며, 여우처럼 의심하지 말지니라. 효도하고 순응하며, 지극한 성심으로 충성과 신의를 다할지니라. 부처님 경전 말씀의 깊은 뜻을 믿고, 선행을 하면 복을 얻게 됨을 믿을지니라. 이와 같은 모든 선법을 받들고 수지하되, 훼손하지도 잃어버리지도 말지니라.

윤회에서 벗어나길 바라며 사유하고 오랫동안 깊이 생각하며, 밤낮으로 늘 부처님을 그리워하고 아미타부처님의 청정 불국토에 태어나고자 발원하길, 열흘 밤낮 내지 하루 밤낮 동안 중단하지 않는 사람은 목숨이 다할 때 모두 다 그 국토에 태어나게 될 것이니라.

보살도를 행하여 왕생하는 사람들은 모두 다 불퇴전지를 얻고, 모두 자마진금 빛깔의 몸과 32종 대장부상을 구족하여 모두 부처가 될 것이니라. 어느 방위의 불국토에서든 부처가 되고자 하면 마음이 원하는 대로 그 정진에 따라 빠르고 늦음이 있어도, 쉬지 않고 도를 구하면 이를 얻을 것이고, 그 발원한 것을 잃지 않을 것이니라.

아난아, 이러한 의리와 이익 때문에 무량무수하고 불가사의하고 무등등하며 가없는 세계의 제불여래께서 다 함께 무량수불의 모든 공덕을 칭양·찬탄하시느니라."

제26품 무량수불께 예배공양하고 법을 듣다

"그리고 또 아난아, 시방세계 여러 보살성중

들은 극락세계 무량수불께 예배를 드리고자
하여 각자 향과 꽃, 당번과 보개를 가지고
부처님의 처소로 가서 공경하는 마음으로
공양을 올리고, 경법을 듣고 수지하느니라.
그런 후에 자신의 불국토로 돌아가 그 경법
을 선포하고 바른 도로써 교화하여 극락세
계의 공덕장엄을 칭양·찬탄하느니라."
이때에 세존께서 곧 게송을 설하여 말씀하
시길,

　동방에는 제불국토가 있나니
　그 수가 항하의 모래알만큼이나 많고,
　그곳의 항하의 모래알만큼이나 많은 보살성중
　이
　무량수불께 나아가 예배하느니라

　남방·서방·북방과
　사유·상하도 또한 그러하니
　모두 다 존중하는 마음으로
　온갖 진귀하고 미묘한 공양구들을

무량수불께 받들어 올리느니라

평안하고 단아한 음성을 창발하여
노래하며 찬탄하길, 최승존이시여!
신통력과 지혜 구경에 통달하여
깊은 법문에 들어가 자재하게 노니셔라

무량수불 성덕의 명호 들으면
안온히 왕생성불의 큰 이익을 얻나니
갖가지로 공양하는 가운데
게으르지 않고 부지런히 수행할 수 있다네

저 수승한 극락찰토를 관하니
미묘하고 불가사의하며
공덕으로 두루 장엄되어 있어
제불국토는 견줄 수가 없어라.

이에 위없는 보리심을 발하여
속히 보리를 성취하길 발원하나이다.

마침 그때 무량존께서
미소 가득한 얼굴로 환영하시고,
광명이 입에서 나와 시방세계를 두루 비추며
다시 돌아와 주위를 세 번 돈 후
부처님의 정수리로 들어가느니라

보살은 이 광명을 보고
즉시 물러나지 않는 과위를 증득하니,
그때 모인 일체 대중들이
서로 축하하며 기뻐하느니라

무량수불께서 설법하시는 음성은
청정하고 우레처럼 시방세계에 두루 들리며
여덟 가지 미묘한 음성으로 말씀하시나니,

「시방세계에서 오시는 보살들이여!
그대들 심원을 내가 다 알고 있나니,
큰 뜻 세워서 정토장엄을 구하면
수기 받아 반드시 부처가 되리라

일체 유위법이 꿈 같고, 환 같고,
메아리 같은 줄 분명히 깨닫고서
미묘하고 큰 서원을 모두 다 이루어
이러한 극락찰토를 반드시 성취할지어다

그 국토도 그림자 같은 줄 깨닫고
항상 큰 서원의 마음을 낼지어다
구경원만한 보살도를 실현하려면
일체 공덕의 근본을 구족하여야 하나니,
수승하고 위없는 보리행을 닦아야
수기 받아 반드시 부처가 되리라

제법의 자성본체에 통달하여
일체법이 공이고 무아임을 깨닫고서
자심으로 전일하게 청정불토를 구하여
이러한 극락찰토를 반드시 성취할지어다」

이 설법을 들은 뒤
좋아하며 신수봉행하면
지극히 청정한 경지를 얻고

반드시 무량존께 수기 받아
등정각을 성취하리라

무변 수승한 극락찰토는
무량수불의 본원력이 나타난 것이니,
무량수불의 명호를 듣고 왕생하고자 발원하면
저절로 불퇴전지에 이르게 되리라

극락보살은 지극한 서원을 일으켜서
자기의 국토도 극락세계와 같아지길 발원하고
두루 일체중생 제도하겠다는 평등대비심으로
일체중생에게 각자 위없는 보리심을 발하게
하여
저 윤회하는 몸을 버리고
다 같이 피안에 오르게 하네

극락세계에서 만억의 부처님 받들어 모시고
무수히 화신 나투어 제불찰토를 두루 날아다니
면서
공경히 예배친견하고 법을 듣고 환희하며

다시 극락세계로 돌아오네

제27품 시방제불의 공덕을 노래하고 찬탄하다

부처님께서 아난에게 말씀하시길, "저 불국토 보살들은 무량수불의 위신력 가지를 받아 밥 한 끼 먹는 짧은 시간에 시방세계 무변의 청정찰토를 오가면서 제불께 공양하느니라.

꽃·향·당번과 같은 공양구들이 생각에 응하는 대로 바로 모두 손 안에 이르러 나타나니, 이들은 진기하고 미묘하며 기특하여서 세간에 존재하는 것이 아니니라. 이로써 제불과 보살성중에게 공양하느니라.

그 뿌려진 꽃들은 곧바로 공중에서 하나의 꽃으로 합쳐지고, 또 그 꽃들은 모두 아래로 향하여 단정하고 원만히 둘러싸면서 화개로 변화하느니라. 꽃은 백 천 가지 광명과 빛깔이 있고, 빛깔마다 각기 다른 향기를 내뿜고 그 향기를 두루 배이게 하느니라. 화개는 작은 것도 십 유순을 가득 채우느니라. 이와 같이 바뀌어 배가 되고, 내지 삼천 대천세계를 두루 덮느니라. 그 앞뒤를 따라서 차례로 변화하였다 사라지느니라. 만약 다시 새로운 꽃이 거듭 뿌려지지 않으면 앞에 뿌려진 꽃들이 끝까지 떨어지지 않느니라. 허공에서 함께 하늘 음악이 연주되면서 미묘한 소리로 시방제불의 공덕을 노래하고 찬탄하느니라.

짧은 시간이 지난 후 보살들이 본래 국토로 되돌아와 모두 다 칠보 강당에 모여 있노라면, 무량수불께서 큰 가르침을 자세히 베풀고, 묘법을 연설하시니, 그 설법을 듣고 환희심을 내지 않는 이가 없으며, 모두 마음이 열려 뜻을 이해하고 도를 증득하느니라. 이때에 향기로운 바람이 칠보나무에 불어와 오음의 소리가 울려 나오고, 무량한 미묘한 꽃잎들이 바람 따라 사방 곳곳에 뿌려져서, 자연의 공양이 이와 같이 끊어지지 않느니

라. 일체 제천들도 모두 백천 가지 꽃향기와 만 가지 기악을 가지고 저 부처님과 보살 성문 대중에게 공양하며 앞뒤로 오고감이 흐뭇하고 즐거워 보이니라.

이는 모두 다 무량수불의 본원 위신력의 가지로 말미암은 것이고, 일찍이 여래께 공양하여 선근이 상속되어 모자라거나 줄지 않는 까닭이며, 잘 수습한 까닭이고, 잘 섭취한 까닭이며, 잘 성취한 까닭이니라."

제28품 극락세계 대보살의 위신광명

부처님께서 아난에게 말씀하시길, "저 불국토에 있는 보살성중은 누구나 다 팔방·상하와 과거·미래·현재의 일까지 다 꿰뚫어 보고 철저하게 들을 수가 있느니라. 그들은 제천·세간 사람들과 기거나 날거나 꿈틀거리는 벌레의 부류들이 마음속의 선하거나 악한 뜻이나, 입으로 하고자 하는 말이나, 어느 때에 제도·해탈할지, 어느 때에 도를 얻어 왕생할지 모두 미리 알 수 있느니라.

또 저 불찰토 성문 대중의 신광은 일심의 거리만큼 비추고, 보살의 광명은 백 유순이나 비추느니라.

그 가운데 두 보살이 제일 존귀하니, 두 보살의 위신광명이 삼천대천세계를 두루 비추고 있느니라."

이 말씀을 듣고 아난이 다시 부처님께 여쭈길, "저 두 분 대보살의 명호는 무엇입니까?"

부처님께서 말씀하시길, "한 분은 관세음보살이라고 하고, 또 한 분은 대세지보살이라고 이름하나니, 이 두 분 대보살은 사바세계에서 보살행을 닦았으며, 그 국토에 왕생하여서는 항상 아미타부처님의 좌우에 계시고, 시방세계 무량한 부처님 처소에 가고 싶으면 마음대로 곧 도달할 수 있느니라. 지금도 이 세계에 계시면서 큰 이익과 큰 안락을 짓고 계시느니라.

세간의 선남자 선여인들이 만약 긴급한 위난·공포를 만났을 때라도, 단지 스스로 관세음보살에 귀명하기만 한다면 해탈을 얻지 못할 자가 없을 것이니라."

제29품 대보살의 원력은 크고 깊다
"그리고 또 아난아, 저 불찰토에 있는 모든 현재·미래의 일체 보살들은 누구나 다 구경에 일생보처의 지위를 얻게 될 것이니라. 그러나 다만 대원을 세우고 생사윤회의 세계에 들어 여러 중생들을 제도하기 위하여 사자후를 설하거나 큰 갑옷을 입고 큰 서원과 공덕으로 스스로 장엄하는 이들은 제외되느니라. 비록 오탁악세에 태어나 저들과 같은 모습을 나타내 보이지만, 성불에 이르기까지 언제나 악취를 받지 않나니, 왜냐하면 태어나는 곳마다 언제나 숙명을 알 수 있기 때문이니라.

무량수불의 뜻은 시방세계 모든 부류의 중생들을 제도 해탈하게 하심이니, 그들이 모두 다 그 국토에 왕생하도록 하고, 모두 다 열반의 도를 얻게 하시며, 보살도를 닦는 자들이 부처가 되도록 하시니라. 이미 부처가 된 후에도 서로 번갈아 가르쳐 주시고, 서로 번갈아 제도 해탈시키시느니라. 이와 같이 번갈아 가며 가르치고 제도한 중생들의 수는 이루 다 계산할 수 없느니라.

시방세계 성문보살과 모든 부류의 중생들은 저 불국토에 태어나 열반의 도를 얻어서 부처가 되는 자의 숫자는 이루 다 헤아릴 수 없을 정도로 많지만, 저 부처님 국토는 언제나 변하지 않는 일진법계이니, 절대 늘어나는 일이 없느니라. 왜 그러한가? 마치 물 중의 왕인 큰 바다는 온갖 종류의 물이 다 그 속으로 흘러 들어가더라도 결코 늘거나 줄어드는 일이 없는 것과 같은 이치니라.

팔방·상하의 불국토는 수없이 많지만, 그 중에서도 아미타부처님의 국토는 장구하고 광대하며, 밝고 즐거워서 가장 홀로 수승하니라. 이는 본래 보살이었을 때 서원을 세우고 도를 구하여서 여러 겁 동안 쌓은 공덕의 결과로 이루어진 것이니라. 무량수불의 은

덕과 보시는 팔방·상하까지 다함도 없고 끝도 없으니, 그 깊고 광대함은 무량하여, 말로 다할 수 없을 정도로 수승하니라."

제30품 극락세계 보살의 수행생활
"또 아난아, 저 불찰토에 있는 일체 보살들은 선정과 지혜, 신통과 위덕을 원만하게 구족하지 않은 것이 없느니라.

보살들은 제불여래의 비밀법장을 구경까지 알아서 육근을 조복시키고 몸과 마음이 부드러워졌으며, 바른 지혜에 깊이 들어가 더이상 어떤 습기도 남기지 않느니라. 부처님께서 행하신 바에 따라 칠각지와 팔정도를 닦고, 오안을 수행하여 진제를 비추고 속제에 통달하나니, 육안으로 간택하고, 천안으로 통달하며, 법안으로 청정하게 보고, 혜안으로 진여실상을 보며, 불안을 두루 구족하여 제법의 체성을 깨달았느니라.

보살들은 갖가지 변재를 구족하고 총지를

얻어 자재하고 걸림이 없으며, 세간을 잘 이해하여 가없는 선교방편으로 설법하시나니, 그 말씀하신 법은 참되고 진실하며, 의리와 법미에 깊이 들어가느니라. 유정들을 제도하기 위해 정법을 연설하시길, 「상에 걸림도 없고 작위의 모습도 없으며, 번뇌도 없고 해탈도 없으며, 일체 분별 집착이 없어 전도망상을 멀리 여의느니라.」

일체 필요한 것들에 대해 탐내거나 집착하는 일이 없고, 부처님 국토를 두루 다니면서 좋다거나 싫다거나 하는 마음을 내지 않고, 또한 구하거나 구하지 않겠다는 생각도 없으며, 또한 나와 남의 구분도 없고 거스르고 원망하는 생각도 없느니라.

왜 그러한가? 저 보살들은 모든 중생들을 큰 자비로 이롭게 하려는 마음을 지니고 있는 까닭에 일체 집착을 버리고, 무량공덕을 성취하느니라. 걸림 없는 지혜로써 일체 법의 여여한 진상을 철저히 이해하고, 세간의 집제와 출세간의 멸제를 잘 알아서 선교방편의 말씀으로 중생들을 잘 교화하며, 세간의 말을 좋아하지 않고 정법을 좋아하느니라.

극락세계 보살은 일체법이 모두 다 공적한 줄 알아서 생사번뇌의 두 가지 남은 습기가 모두 다하도록 끊고, 삼계에서 구경원만한 일승의 법을 평등하게 부지런히 닦아 피안에 이르게 되느니라. 의심의 그물을 결단코 끊고, 무소득의 근본지를 증득하며, 방편지로써 후득지를 증장시키느니라. 무량수불의 본원 위신력의 가지로 신통에 안온히 머물러서 일승의 도를 증득하는 것이지, 다른 곳으로 말미암아 깨치는 것이 아니니라."

제31품 극락세계 보살의 진실한 공덕

"극락세계 보살의 지혜는 큰 바다와 같아 광대하고 깊으며, 보리는 수미산과 같아 높고 광대하며, 몸에서 나오는 위신광명은 해와 달을 뛰어넘으며, 그 마음은 설산과 같아

정결하고 순백하니라.

극락세계 보살의 인욕은 대지와 같아 일체를 평등하게 받아들이고, 청정한 행은 물과 같아 온갖 티끌과 때를 씻어주며, 지혜는 타오르는 불과 같아 번뇌의 잡초를 태워 없애주며, 집착하지 않음은 바람과 같아 아무런 장애도 없느니라.

극락세계 보살은 천둥 같은 범음으로 어리석은 중생들을 잘 깨우쳐 주며, 감로의 법을 비처럼 뿌려 중생들을 적셔주며, 심량이 허공과 같아 대자비심으로 평등하게 대하여 주며, 연꽃과 같이 청정하여 진흙탕을 여의게 하느니라. 대자비심이 니구류 나무 같아 넓은 그늘로 덮어주며, 지혜가 금강저와 같아 사견과 집착을 깨뜨려 없애주며, 신심과 원심이 철위산과 같아 온갖 마군과 외도들이 흔들어 놓을 수 없느니라.

극락세계 보살은 그 마음이 정직하고, 선교방편으로 설법하고, 결단력을 가지고 있으며, 법을 논함에 싫어함이 없고, 법을 구함에

게으르지 않으며, 계율이 유리와 같아 안팎으로 밝고 깨끗하니라. 그들이 설한 법은 중생들이 기뻐서 따르도록 하며, 법고를 크게 두드리고, 법의 깃대를 높이 세우며, 지혜의 해를 비추어 어리석음의 암흑을 깨부수느니라. 마음이 순정하고 온화하며 선정에 들어 또렷하게 살필 수 있어서 중생들의 대도사가 되어 나와 남을 조복시키느니라. 극락세계 보살은 중생들을 인도하여 모든 애착을 버리도록 하고, 세 가지 때를 영원히 여의게 하여, 갖가지 신통에 자재하게 노닐게 하느니라. 인력·연력·원력으로 선근이 생기게 하고, 일체 마군을 꺾어 항복시키며, 제불을 존중하고 받들어 모시니라. 그러므로 보살은 세간의 밝은 등불이고, 수승한 복전이며, 수승한 길상이며, 모든 중생들의 공양을 받을 만하니라.

극락세계 보살은 위엄·광명이 성대하고 마음속이 자재 온화하며, 용맹정진하고 설법에 두려움이 없으며, 몸의 빛깔과 상호, 공덕과 변재 등의 갖가지 장엄을 구족하여, 더불어 견줄 이가 없느니라.

일체 제불께서 늘 다 함께 칭찬하시길, 「극락세계 보살들은 보살의 모든 바라밀을 구경원만하게 이루어 불생불멸의 일체 삼매에 항상 안온히 머물고, 시방세계 도량을 두루 다니면서 성문·연각 이승의 경계를 멀리 여의느니라.」

아난아, 내가 저 극락세계를 지금 간략하게 말하였나니, 그곳에 왕생한 보살들의 진실한 공덕이 모두 다 이러하여, 만약 상세하게 말한다면 백천만겁이 지나도 이루 다 말할 수 없느니라."

제32품 극락세계에는 수명과 즐거움이 무극하다

부처님께서 미륵보살과 제천·인간 등에게 말씀하시길, "무량수불의 국토에 있는 성문·보살들의 공덕과 지혜는 이루 다 말로 칭찬할 수 없고, 또한 그 국토의 미묘하고 안락하고 청정하게 장엄된 모습도 이와 같거늘, 어찌 중생들은 힘써 선업을 닦지 않고 대도인 자성 성덕의 명호를 염하지 않겠는가?

극락세계 보살은 자유자재하게 출입하면서 부처님께 공양 올리고, 경법을 지혜로 관하여 일상에서 도를 실천하며, 오랜 시간 훈습하여 법희 충만하고 좋아하며, 재주가 뛰어나고 용맹하고 지혜로우며, 신심이 견고하여 도중에 물러나지 않고 뜻을 게을리 하지 않느니라. 겉으로는 한가롭고 느릿느릿 하게 보여도, 속으로는 쉼 없이 빨리 달려가고 있느니라. 그 심량은 허공과 같이 청정광대하여 일체를 포용하고, 꼭 알맞게 중도에 들어맞으며, 속마음과 겉모습이 하나로 상응하여 위의가 저절로 엄정하느니라.

극락세계 보살은 항상 자신을 점검하고 수렴하여서 행동을 단정히 하고 마음을 정직하게 하며, 몸과 마음이 항상 정결·청정하여 일체의 애욕과 탐욕이 없으며, 뜻과 원이 안정되어 더하거나 모자람이 없느니라. 도를 구함에 있어 화평하고 중정한 마음을 유지하고, 잘못된 사견에 기울지 않으며, 경전의 가르침에 따라 자기의 심행을 약속하여 감히 넘어지거나 틀어지지 않고, 또 먹줄을 친 듯 바른 마음·바른 행으로 모두 위없는 보리의 대도를 우러러 사모할 뿐이니라.

극락세계 보살의 마음은 한없이 넓어서 망념이 없기에 근심걱정이 전혀 없고, 그들의 행위는 자성본연에서 흘러나와 작위의 모습이 없으며, 그들의 마음은 허공과 같아 한 법도 세우지 않느니라. 생활에서는 담백하고 안온하여 어떤 욕망도 일으키지 않고 살아가되, 선한 원을 세워 온 마음 다해 선교방편을 모색하고, 대자대비의 마음으로 중생들을 이롭게 할 생각뿐이니라. 중생들을 제도하는 방법은 세상의 예절과 의리에 모두 합치되고, 보살의 지혜는 일체 이와 사를 포용하고 받아들여 이로써 중생들을 제도하고 일생에 해탈을 얻게 하느니라.

극락세계 보살은 자성본연을 잘 보임하고 지켜서 진여본성의 청정·정결·순백을 잘 지키며, 그들의 뜻과 원은 지극히 높아 위없고 청정하고 흔들리지 않아 안락에 이르니라. 단번에 활연히 개오하여 사무쳐 밝아서, 자성 가운데 나타나는 일진법계의 경계상과 일체현상의 자성본체를 통달하여 명백히 이해하느니라. 자성본연의 광명과 빛깔이 서로 뒤섞여서 변화가 무궁하고, 식이 전변하여 십법계를 의정 장엄하니, 가장 수승하느니라.

울단월의 세계가 모두 다 저절로 칠보로 이루어지듯 극락세계도 횡으로 시방허공 중에 저절로 만물이 이루어져 광명·정미함·명정함이 다 같이 흘러나오니, 그 아름답고 수승함은 어떤 세계와도 견줄 수 없느니라.

이곳의 보살들은 또한 자성공덕을 원만히 구족하여 여여한 이치가 밝게 드러남에 상하 삼세가 없고, 일체 만법을 통달함에 시방 변제가 없느니라.

저 세계와 성중의 공덕이 이러하니, 각자 부지런히 정진하여 왕생하길 구할지니라. 그러면 반드시 단숨에 뛰어넘어서 무량청정한 아미타부처님 국토에 왕생할 수 있느니라. 아미타부처님의 가지를 얻어 육도를 횡으로 뛰어넘으면 삼악도의 문이 저절로 닫혀 버리거늘, 당생에 성불하는 무극의 수승한 대도를 닦아 누구나 극락세계에 쉽게 갈 수 있는데도 가려고 하는 사람이 없구나! 극락세계는 그 누구도 거절하고 외면하지 않는데, 타고난 죄업에 이끌려 따라 다니느라 가려고 하지 않는구나!

세간의 일체 욕망을 모두 놓아버리고 허공처럼 한 법도 세우지 말라. 부지런히 수행해 염불수행의 도법과 극락왕생의 공덕을 구한다면 지극히 장수를 누려서 수명과 즐거움이 무극할 텐데, 무엇 때문에 세상사에 탐착하면서 시끄럽게 떠들며 무상한 일에 근심하는가?"

제33품 권유하고 독려하여 정진하게 하시다

"세상 사람들은 급하지도 않은 일에는 서로 앞다투어 쫓아 다니지만, 생사윤회를 벗어나는 일에 관심조차 두지 않는구나! 지극히 악독하고 괴로움이 가득 찬 세상에서 몸과 마음을 고달프게 부리면서 세상일 하느라 고생하며 자신의 욕망을 채우기 위해 쓸데없이 바쁘게 살아가는구나. 윗사람이거나 아랫사람이거나 가난하거나 부유하거나 남녀노소 할 것 없이 하나같이 고민하고 근심 걱정하며 남보다 더 잘 되려는 마음에 실속없이 뛰어다니기만 하는구나!
논밭이 없으면 논밭이 없어 걱정이고, 집이 없으면 집이 없어 걱정이고, 권속과 재물이 있어도 없어도 걱정이고, 이런 것이 있으면 저런 것이 적다고 여겨 남들과 똑같이 가지

려고 하는구나. 마침 조금 가지게 되면 또 생각지도 못한 사태가 일어나지 않을까, 물난리나 화재를 만나서 타버리고, 떠내려가고, 도적이나 원수나 빚쟁이를 만나서 빼앗겨서 재물이 흩어지고, 없어지지 않을까 걱정하는구나.

마음이 인색하고 뜻이 완고하여 아무것도 내려놓지 못하고 연연하지만, 목숨이 다할 때 버리고 가야 하니, 그 무엇도 가지고 갈 수 없느니라. 이는 가난하거나 부유하거나 모두 똑같아서, 모두가 만 갈래 근심과 고뇌를 지닌 채 살아가는구나.

세상 사람들은 부자와 형제, 부부와 친척 사이에 서로 공경하고 사랑해야 하며, 서로 미워하거나 질투하는 일이 없어야 하느니라. 재산이 있든지 없든지 간에 서로 도와야 하고 탐하거나 아까워하는 일이 없어야 하며, 말과 안색을 늘 부드럽게 가지고 서로 거스르고 비뚤어지지 말아야 하느니라. 혹 때로는 마음에 다른 의견이 생겨 서로 양보

하지 못하고, 혹 때로는 화내고 분노하는 일이 있어서 다음 세상에 더 치열해져 큰 원수가 되기도 하느니라. 그래서 세상일에 더욱 근심이 쌓이고 손해를 입게 되니, 비록 당장 닥치지 않을 때라도 서둘러 화해할 방법을 찾아야 하느니라.

세상 사람들은 누구나 애욕 속에서 홀로 나서 홀로 죽고, 홀로 가고 홀로 오며, 괴로움과 즐거움을 스스로 감당해야 하니, 대신해 줄 사람은 없느니라. 선악이 변화하여 태어나는 곳마다 선악의 업인이 따라 다니지만, 각자 가는 길이 달라서 다시는 만날 기약이 없나니, 어찌하여 건강할 때 선을 닦으려 노력하지 않고, 무엇을 기다리고 있는가?

세상 사람들은 선악을 스스로 알지 못해 각자 경쟁하듯 길흉화복을 짓고, 자신이 어리석어 악업을 지으며 정신이 어두워서 지혜가 없느니라. 외도의 가르침을 이리저리 받아들이며, 뒤바뀐 마음이 계속 이어져서 육도윤회로 생사가 끊어지지 않고, 탐·진

·치로 말미암아 악을 짓느니라. 정신이 멍하고 컴컴하여 부딪치고 충돌하는데, 그 원인은 부처님의 말씀을 믿지 않기 때문이니라. 멀리 내다보지 못하고 각자 눈앞의 쾌락만 추구하는데, 이는 분노에 미혹되고 재색을 탐하여 끝내 그치지 못하기 때문이니, 애통하고 가슴 아플 따름이니라.

과거의 사람들은 선을 행하지 않고 도덕을 알지 못하였으며, 이를 말해주는 사람조차 없어 세상살이가 이런 지경에 이르렀으니, 전혀 이상할 것도 없느니라. 이들은 생사 육도윤회의 과보와 선악의 업인을 모두 믿지 않았고, 아예 이러한 일은 없다고 말하였느니라.

죽어서 이별하는 모습을 바라보면 스스로 알 수 있나니, 혹 부모는 자식이 죽어서 울기도 하고, 혹 자식은 부모가 죽어서 울기도 하며, 형제와 부부는 더욱더 서로 흐느껴 우나니, 한 사람은 죽고 한 사람은 살아서 서로 애틋하게 그리워하여 놓아버리지 못하고, 근심과 애착에 마음이 결박되어 벗어날 때가 없으며, 부부의 정을 생각하여 욕정을 여의지 못하느니라. 이러한 상황에 대해 깊이 생각하고 잘 헤아려서 전일하게 정성다해 도를 행할 수 없다면 나이와 수명이 다하는 때에 이르러 어찌할 도리가 없느니라. 도에 미혹한 자는 많지만, 도를 깨달은 자는 적어서 각자 남을 죽이려는 독한 마음을 품어 사악한 기운이 가득하고 마음이 어두컴컴해 망령되게 일을 저지르고, 자성의 천진하고 선량함을 거스르며, 제멋대로 죄를 짓고 극악무도하니, 문득 하늘에서 그 목숨을 빼앗아 악도에 떨어져 벗어날 기약이 없느니라.

그대들은 깊이 생각하고 잘 헤아려 온갖 악을 멀리 여의고, 선을 선택하여 부지런히 행해야 하느니라. 애욕과 영화는 늘 유지될 수 없고, 모두 헤어져 여의는 것으로 즐거워할 만한 것이 하나도 없나니, 부지런히 정진하여 안락국에 태어나길 구해야 하느니라.

그곳에 태어나면 지혜에 밝고 통달하여 공덕이 수승하니라. 욕망에 따라 멋대로 행동하지 말지니, 이해하고 행하는 것이 완전하지 못하고 결함이 있으며, 경전의 가르침을 저버리게 되어 윤회의 고통을 피하지 못하느니라. 설사 장래에 다시 이러한 법문을 만나서 왕생을 구한다 하더라도, 이미 다른 사람들보다 뒤처지게 될 것이니라."

제34품 마음이 열리고 명백히 이해하다

미륵보살이 부처님께 아뢰길, "부처님께서 말씀하신 가르침과 계율은 이치가 매우 깊고, 마음에 잘 와닿습니다. 모든 중생들은 모두 자비로운 은혜를 입어서 근심과 고통으로부터 벗어날 수 있습니다. 부처님께서 법의 왕이 되시니, 그 존귀함은 모든 성인을 뛰어넘습니다. 광명 지혜는 시방세계를 사무쳐 비추고 통달하여 무극하니, 두루 일체 제천·인간의 스승이 되십니다. 지금 부처님을 뵙고, 또한 아미타부처님의 말씀을 듣고 무량수경의 법음을 들을 수 있으니, 어찌 기쁘지 않을 수 있겠습니까? 저희들은 마음이 열리어 명백히 이해하였습니다."

부처님께서 미륵보살에게 말씀하시길, "부처님을 공경하는 사람들은 모두 다 선근이 큰 사람이니, 성실하게 염불하여 여우같은 의심 끊어버리고, 모든 애욕을 뿌리 뽑으며, 온갖 악의 근원을 막고서 삼계를 두루 다니며 아무런 걸림 없이 바른 도를 열어 보이고, 아직 제도 받지 못한 중생들을 제도하느니라.

시방세계 사람들이 영겁 이래 다섯 갈래 길을 전전하면서 근심 고통을 끊지 못하여 태어날 때 고통을 겪고, 늙을 때 또한 고통을 겪으며, 병들어 극심한 고통을 겪고, 죽을 때 극심한 고통을 겪느니라. 몸에 악취가 나서 깨끗하지 못하니, 즐겁다고 말할 수 없느니라. 그대들은 스스로 결단하여 마음의 때를 씻고, 언행을 성실히 하고 신뢰를 지켜야 하며, 겉과 속이 상응하여야 하느니

라. 이러한 사람은 스스로를 제도하고 서로 번갈아 도와주고 구제할 수 있느니라.

지극한 마음으로 발원하고 구하여 선근의 근본을 쌓으면, 비록 한 세상 부지런히 고행 정진하더라도 잠깐 사이일 뿐, 나중에 무량수불의 국토에 태어나 즐거움이 끝이 없을 것이고, 생사윤회의 뿌리를 영원히 뽑아 버려 다시는 고통번뇌의 우환이 없을 것이며, 수명이 천만 겁이고 뜻하는 대로 자재할 것이니라.

그대들은 각자 정진하여 마음에 발원한 극락왕생을 구해야 하고, 의심을 품고 도중에 후회하지 말라. 그러면 자신에게 허물이 되니, 나중에 저 극락 변지, 칠보성에 태어나서 5백 년 동안 여러 액난을 받게 될 것이니라."

미륵보살이 부처님께 아뢰길, "부처님의 밝은 가르침을 받았사오니, 전일하고 순수하게 수학하고 가르침대로 봉행하여 감히 의심하지 않겠습니다."

제35품 오탁악세의 다섯 가지 악·고통·불길

부처님께서 미륵보살에게 말씀하시길, "그대들이 이 세상에서 마음을 바르게 하고 뜻을 참되게 하여 온갖 악을 짓지 않는다면 참으로 대덕이 될 것이니라. 왜 그러한가? 시방세계에는 선이 많고 악이 적어서 쉽게 법문하고 쉽게 교화하지만, 오직 이 다섯 가지 악이 가득한 사바세계만이 가장 괴로움이 극심하니라. 지금 내가 이곳에서 부처가 되어 중생들을 교화하여, 다섯 가지 악을 버리고, 다섯 가지 고통을 없애고, 다섯 가지 불길을 여의게 하여 그 뜻을 조복시키고 교화시켜서, 다섯 가지 선을 지니게 하여 복덕을 얻게 할 것이니라.

무엇이 다섯인가 하면, 그 첫째 악은 세간의 여러 중생들이 자신의 욕망에 따라 온갖 악을 짓는 것으로 강한 자는 약한 자를 억누르고, 서로 번갈아 견제하고 살해하며, 잔혹하게 죽이고 부상을 입히며, 서로 먹고 먹히

기만 할 뿐, 선을 행해야 함을 알지 못하여 나중에 무서운 벌을 받게 되느니라. 이런 까닭에 가난한 자와 거지, 고아와 독거노인, 귀머거리와 장님, 벙어리와 백치, 추악한 자와 절름발이, 정신병자 등이 있나니, 이는 모두 이전 세상에서 도덕을 믿지 않았고, 기꺼이 선을 행하려고 하지 않았기 때문이니라.

세간에는 존귀한 자와 부유한 자, 현명한 자와 장자, 지혜롭고 용맹하며 재능이 뛰어난 자 등이 있나니, 이는 모두 지난 세상에서 자비와 효를 행하여 선을 닦고 덕을 쌓았기 때문이니라.

세간에는 이렇게 눈앞에 나타나는 일들이 있어 목숨이 다한 후 어두운 저승에 들어가 몸을 받아 다시 태어나니, 몸의 형상이 바뀌고 육도가 바뀌게 되느니라. 이런 까닭에 지옥과 금수, 기거나 날거나 꿈틀거리는 벌레의 권속이 있나니, 비유컨대 세간의 법으로 감옥에 들어가 격심한 고통과 극형을 받는 것처럼 영혼은 그 죄업에 따라 삼악도로 가서 고통을 받으며 그곳에서 받는 수명은 길기도 하고 짧기도 하느니라. 또한 원수와 빚쟁이처럼 서로 쫓아다니면서 같은 곳에 태어나 서로 보상을 받으려 하는데, 재앙과 악업이 다하기 전에는 끝내 여읠 수 없어 그 가운데 전전하면서 여러 겁이 지나도록 벗어나기 어려우며 해탈을 얻기도 어려우니, 그 고통은 이루 다 말할 수 없느니라. 천지간에 저절로 이러한 일이 있으니, 비록 즉시 갑작스럽게 과보를 받지 않는다 하더라도 선악은 반드시 과보를 받게 되느니라. 그 둘째 악은 세상 사람들은 법도를 따르지 않고 사치하고 음란하며, 교만하고 방종하며 제멋대로 방자하게 행동하고, 윗자리에 있으면서 밝지 못하고, 지위가 있어도 바르지 않아서 다른 사람들을 모함하고 억울한 누명을 씌워, 성실하고 착하게 살아가는 사람들에게 손해를 끼치며, 마음과 입이 각기 달라서 허위로 속이는 일이 많으며, 윗사람이거나 아랫사람이거나 가족이거나 바깥사람이거나 서로 속고 속이고 있느니라. 성내고 어리석어서 스스로 자기를 이롭게 하고자 더욱 탐내고 더 많이 소유하려 하다가 이익과 손해, 승리와 패배가 서로 엇갈려서, 마침내 화를 참지 못해 서로 원수가 되고, 집안이 풍비박산이 나며, 자신이 망가져버려도 도무지 앞뒤를 돌아볼 줄 모르니라. 어떤 사람은 부유하면서도 인색하여 도무지 베풀려고 하지 않고, 탐심이 무거워서 더 가지고 싶은 마음에 마음은 수고롭고 몸이 고달파도 끝내 따르는 것은 하나도 없고, 선악의 업력으로 화와 복만이 몸을 받을 때마다 따라다녀서 즐거운 곳에 태어나기도 하고, 고통스러운 곳에 태어나기도 하느니라. 또한 어떤 사람은 선한 이를 보면 오히려 미워하고 헐뜯으려고만 할 뿐 공경하거나 배우고 싶은 마음이 없으며, 늘 빼앗고자 하는 마음을 품고 남의 이익과 재물을 빼앗아 자신이 사용하고, 모두 사용한 후에도 거듭 빼앗으려고 하느니라.

이러한 사람들은 신명(아뢰야식)에 반드시 기록되어 끝내 악도에 들어가니, 저절로 삼악도를 윤회하면서 무량한 고뇌를 겪게 되고, 그 가운데 전전하면서 여러 겁이 지나도록 벗어날 수 없어 그 고통은 이루 다 말할 수 없느니라.

그 셋째 악은 세상 사람들이 서로간의 업인에 기대어 태어나기 때문에 그 수명이 길어야 얼마나 되겠는가? 착하지 않은 사람은 몸과 마음이 올바르지 않아 늘 음란한 마음을 품고, 늘 방탕하게 놀 생각만 하여 욕망의 불꽃이 타올라 가슴 속에 가득하며, 음란한 행동이 바깥으로 드러나서 집안 재산을 다 탕진할 때까지 법도에 어긋난 일을 저질러도 추구해야 할 일을 오히려 행하려고 하지 않느니라.

또한 어떤 사람들은 나쁜 이들과 결탁해 무리를 모아 군사를 일으켜 서로 싸우고 공격하며, 사람들을 겁탈하고 죽이며 강탈

하고 협박하며, 여기서 얻은 재물을 자신의 처자 권속에게 쓰고 몸이 망가지도록 쾌락을 쫓기 때문에 사회대중이 모두 증오하고 싫어하느니라. 이 때문에 그들은 환난을 만나게 되어서 고통을 겪게 될 것이니라.

이와 같이 악한 사람들은 인간과 귀신에게도 환히 드러나고, 신명(아뢰야식)에 기록되어 저절로 삼악도에 들어가서 무량한 고뇌를 겪게 되느니라. 이렇게 삼악도 가운데 전전하면서 여러 겁이 지나도록 벗어날 수 없으니, 그 고통은 이루 다 말할 수 없느니라.

그 넷째 악은 세상 사람들이 선행을 닦아야 한다고 생각하지 않아서 이간질하는 말과 거친 말, 거짓말과 현혹시키는 말로써 착한 사람을 미워하고 질투하며, 현명한 사람을 헐뜯고, 부모님께 불효하고, 스승과 어른을 낮추어 보아 버릇없이 굴며, 친구에게 신의가 없어 성실하다고 인정받지 못하느니라. 그들은 스스로 존귀하고 잘났다고 생각하며, 자신에게 진리가 있다고 말하느니라.

또한 제멋대로 행동하고 위세를 부리며, 다른 사람의 인격을 침범하여 그들이 자신을 두려워하고 공경하길 바라면서, 스스로 부끄러워하거나 두려워할 줄 모르느니라. 그들은 조복시키거나 교화시키기 어렵나니, 늘 교만한 마음을 품고 있어 전생에 지은 복덕으로 아무 탈 없이 살고 있지만, 금생에 악업을 지어 그 복덕이 다 소멸되면 수명이 다해 죽을 때 온갖 악업에 에워싸여 돌아가느니라.

또한 악인의 모든 죄업은 신명(아뢰야식)에 기록되어 있어 자신이 지은 죄업이 끌어당겨서 온갖 재앙으로부터 도망치거나 벗어날 길이 없고, 단지 전생에 지은 과보에 의해 지옥의 불가마 솥으로 끌려가 몸과 마음이 망가지고 부서지는 극심한 고통을 받게 되느니라. 그때 아무리 후회해도 이미 돌이킬 수가 없느니라.

그 다섯째 악은 세상 사람들이 범사에 머뭇거리고 게을러서 기꺼이 착한 일을 하지 않으려 하고 몸을 다스려 선업을 닦으려고 하지 않느니라. 부모님이 가르치고 타일러도 듣지 않고 오히려 빗나가고 반항하며 마치 원수처럼 지내니, 차라리 자식이 없는 것만 못하느니라. 은혜를 저버리고 의리도 없으며 보답하여 갚고자 하는 마음도 없느니라.

마음이 방자하여 제멋대로 놀고, 술에 빠져 살고 맛난 음식만 밝히며, 걸핏하면 다른 사람과 충돌하고, 다른 사람의 사정도 배려하지 않으며, 의리도 없고 무례하여 그 누구도 타일러 깨우칠 수 없느니라. 집에 필요한 살림살이가 있는지 없는지 전혀 돌보지 않으며, 부모님의 은혜도 모르고 스승이나 친구에 대한 도리도 없느니라.

그들은 마음으로도 몸으로도 말로도 일찍이 한 번도 착한 일을 한 적이 없느니라. 그래서 제불의 경전과 설법을 믿으려 하지 않고, 생사윤회를 벗어날 수 있음과 선악인과의 도리도 믿지 않느니라. 나아가 진인(아라한)

을 해치려고 하고 승가를 교란시키려고 하느니라. 어리석고 무지몽매하면서도 오히려 스스로 지혜롭다고 여기느니라. 그래서 그들은 태어날 때 어디에서 왔는지, 죽을 때 어디로 떠나가는지 알지도 못하느니라. 그래서 마음이 어질지도 않고 이치에 순응하지도 않으면서 오래 살길 바라느니라. 그들은 자비심으로 가르치고 타일러도 도무지 믿으려 하지 않고, 쓴 소리로 말해도 그 사람에게 아무런 이익도 없느니라. 이렇듯 그들은 두터운 번뇌에 마음이 꽉 막혀서 아무리 좋은 말을 해도 마음속이 열리고 풀리지 않느니라. 이러한 사람도 그 수명이 다할 때 뉘우치고 두려워하나, 뒤늦게 후회한들 이제 와서 무슨 소용이 있겠는가? 천지간에는 지옥·아귀·축생·인간·천인의 다섯 갈래 길이 분명하게 나누어져 있어 선과 악을 지으면 그 과보로 화와 복이 서로 이어지며, 자신이 지은 업은 자신이 받게 되어서 그 누구도 대신하지 못하느니라.

선한 사람은 착한 일을 행하여 즐거움에서 즐거움으로 들어가고, 밝음에서 밝음으로 들어가지만, 악한 사람은 나쁜 짓을 저질러 괴로움에서 괴로움으로 들어가고, 어두움에서 어두움으로 들어가나니, 누가 이러한 이치를 알 수 있겠는가? 오직 부처님만이 알고 계실 뿐이니라.

불법의 가르침을 열어 보이셨으나 이를 믿고 행하는 사람은 적나니, 쉬지 않고 생사에 윤회하고 끊임없이 악도에 떨어지느니라. 이와 같은 사람들이 많고 많아서 이루 다 말할 수 없느니라. 그런 까닭에 저절로 삼악도에서 무량한 고뇌를 겪게 되느니라. 그 가운데 전전하면서 세세 누겁에 벗어날 기약이 없고 해탈할 수도 없으니, 그 고통은 이루 다 말할 수조차 없느니라.

이와 같은 다섯 가지 악·다섯 가지 고통·다섯 가지 불길은 비유컨대 큰 불이 타올라 몸을 태우는 것과 같으니라. 만약 스스로 그 가운데 일심으로 마음을 제어하고, 몸을 단정히 하고 생각을 바르게 하며, 언행이 서로 부합하며, 지은 바가 지극히 성실하며, 오직 일체 선을 짓고 어떤 악도 행하지 않으면, 그 몸은 홀로 생사를 벗어나서, 그 복덕을 얻고 장수를 누리며 열반의 도를 성취하게 되리니, 이것이 다섯 가지 큰 선이니라.”

제36품 거듭 가르치고 권하시다

부처님께서 미륵보살에게 말씀하시길, “내가 그대들에게 말한 것처럼 이렇게 다섯 가지 악·다섯 가지 고통·다섯 가지 불길이 번갈아 가며 서로 인연이 되어 생겨나니, 감히 이러한 악을 저지르면 삼악도를 겪어야만 하느니라.

어떤 이는 지금 세상에서 중병에 걸리는 재앙을 먼저 받아, 죽고 싶어도 죽을 수 없고 살고 싶어도 살수 없는 참혹한 지경에 처하나니, 이러한 나쁜 과보를 드러내어 대중들에게 모두 보여주느니라. 어떤 이는 목숨이 다한 후에 삼악도에 들어가 슬픔과 고통, 지극히 참혹한 과보를 받게 되나니, 자신의 업력에 이끌려 지옥의 불길이 거세게 타오르느니라.

원수들은 함께 모여 서로 해치고 죽이려고 하나니, 이러한 원한은 미세한 업인에서 시작되어 크나큰 곤란과 극렬한 보복으로 바뀌느니라. 이는 모두 재물과 색욕에 탐착하여 보시를 베풀려고 하지 않고, 각자 자신의 쾌락만 탐하여 더 이상 도리에 맞는지 틀린지 이해하지 못하기 때문이니라. 어리석음과 욕망에 떠밀려 자신만 중히 여기고 싸워서 이익을 취하려고 하며, 이렇게 부귀영화를 얻어 당장의 쾌락만을 즐길 뿐, 인욕할 줄 모르고 선을 닦는데 힘쓰지 않아 그 위세는 얼마 가지 않아 악업을 따라서 닳아져 없어지느니라.

인과응보의 천도에 따라 운행되어 저절로 바로잡아 단속하니, 악업이 무거워 과보가 바로 나타나면 의지할 곳도 없어 놀라고 당황하며 반드시 삼악도로 들어가야 하느니라. 예나 지금이나 모두 이러하니, 너무나 괴로워하는 모습에 가슴 아파하시느니라. 그대들은 불경의 말씀을 얻었으니, 이를 깊이 사유하고, 각자 스스로 몸과 뜻을 단정히 하고 가르침을 준수하여 목숨이 다할 때까지 게을리 해서는 안 되느니라. 성인을 존중하고 선지식을 공경하며, 인자·박애의 정신으로 세상을 제도하길 구하여, 생사에 윤회하며 짓는 온갖 악의 뿌리를 뽑아 버리고, 삼악도에서 근심과 공포의 고통을 겪는 육도윤회를 여의어야 하느니라.

그대들이 선을 행함에 무엇이 첫째인가? 스스로 마음을 단정히 하여야 하고, 스스로 몸을 단정히 하여야 하며, 귀와 눈과 코와 입 모두를 스스로 단정히 하여야 하느니라. 몸과 마음을 청결히 하여서 선과 상응하게 하고, 욕심을 따르지 말아서 갖가지 악을 범하지 말아야 하느니라. 부드러운 말과 온화한 얼굴빛을 지닐 것이며, 신행을 전일하게 할 것이며, 동작을 살펴보아 안정되고 천천히 행해야 하느니라.
서둘러서 급하게 일하면, 실패하고 후회할 것이며, 진실하게 행하지 않으면 그 수행한 공을 잃어버리게 되느니라."

제37품 가난한 사람이 보배 얻듯이 소중히 하라

"그대들은 널리 공덕의 근본을 심어야 하며, 진리와 금계를 범하지 말아야 하고, 인욕하고 정진하며, 자애로운 마음으로 대하고, 전일하게 뒤섞지 말고 수행해야 하느니라. 재를 봉행하고 계행을 지키며 청정심으로 하루 밤낮 동안 수행한다면, 무량수불의 국토에서 백 년 동안 선을 닦는 것보다 수승하니라. 왜 그러한가? 저 불국토의 중생들은 모두 덕을 쌓고 온갖 선을 닦아서 털끝만큼도 악이 없기 때문이니라.
이 세상에서 열흘 밤낮 동안 선을 닦는다면,

타방세계 제불국토에서 천 년 동안 선을 행하는 것보다 수승하니라. 왜 그러한가? 타방세계 불국토에는 복덕이 저절로 이루어져 악을 지을 곳이 없기 때문이니라.

오직 이 세간만이 선은 적고 악은 많아서, 괴로움을 마시고 번뇌를 밥 먹듯이 하면서 한 번도 제대로 편안하게 쉬어 본적이 없느니라. 그래서 내가 그대들을 불쌍히 여겨 고심해서 가르치고 설명하여 경법을 전수하나니, 모두 수지하여 사유하고, 모두 봉행하도록 하라. 윗사람이거나 아랫사람이거나 가족 권속들이거나 아는 지인들에게 서로 이 가르침의 말씀을 전하도록 하라. 스스로 약속하고 점검하여, 화해하고 수순하며, 공정하고 합리적으로 살아가도록 하라. 그리하여 범사에 기뻐하고 즐거워하며, 모든 이에게 자애로워 효의 마음이 가득하도록 하라.

자신이 행한 일에 과실을 범했다면 스스로 참회하여 악을 없애고 선으로 나아가며, 아침에 들었으면 저녁에 고쳐야 하느니라. 계율을 경전처럼 받들어 지키기를 마치 가난한 사람이 보배 얻듯이 소중히 하여, 과거의 악행을 고치고 미래의 선행을 닦아야 하느니라. 마음속의 때를 깨끗이 씻고 행동을 바꾼다면 부처님께서 저절로 감응하여 가피를 내리실 것이니, 원하는 바를 모두 얻게 될 것이니라.

부처님의 가르침이 작용하는 곳은 국가나 대도시나 지방도시나 마을에 이르기까지 교화를 입지 않은 곳이 없어 천하가 화평하고, 해와 달이 청명하며, 비바람이 때에 맞추어 불고, 재난이 일어나지 않으며, 나라는 풍요롭고 국민은 편안하여 병사와 무기를 쓸 일이 없느니라. 또한 사람들은 도덕을 숭상하고, 인자한 사랑을 베풀며, 힘써 예절과 겸양을 닦아, 나라에 도적이 없으며, 원망하고 억울한 사람이 없으며, 강한 자가 약한 자를 능멸하지 않고, 각자 자신의 자리를 잡느니라. 이처럼 내가 그대들을 불쌍히 여기는 마음은 부모가 자식을 생각하는 것보다 더 하느니라.

나는 이 세상에서 부처가 되어 선으로써 악을 다스려 생사의 괴로움을 뽑아버리고, 다섯 가지 덕을 얻고 무위의 안온한 자리에 오르도록 할 것이니라.

내가 이 세상에서 반열반에 든 후 경전에서 말씀하신 도가 점점 사라지게 될 것이니라. 사람들은 아첨하고 속이며, 다시 온갖 악을 지어서 오랜 후에 다섯 가지 불길과 다섯 가지 고통이 극에 달할 것이니, 그대들은 서로 가르쳐 주고 훈계하며, 불경에서 말씀하신 법대로 행하고 어겨서는 안 될 것이니라."

이에 미륵보살은 합장하고 말씀드리길, "세상 사람들이 다섯 가지 악을 지어 얻는 다섯 가지 고통과 다섯 가지 불길의 괴로운 과보는 이와 같고, 이와 같습니다. 부처님께서는 널리 자비를 베푸시고 불쌍히 여기시어, 모든 중생들이 고통의 바다에서 벗어나길 바라십니다. 이제 부처님의 간곡하신 가르침을 받았으니, 감히 거스르거나 잃어버리는 일이 없도록 하겠습니다."

제38품 부처님께 예배드리니 광명을 나타내시다

부처님께서 아난에게 말씀하시길, "아난아, 그대들이 무량청정평등각이신 아미타부처님과 모든 보살, 아라한 등이 살고 있는 극락 국토를 보고자 한다면 마땅히 해가 지는 곳, 서쪽을 향하여 서서 공경하며 머리 조아려 예배하고 「나무아미타불」을 칭념하도록 하라."

이에 아난은 바로 자리에서 일어나서 서쪽을 향해 합장하고 머리를 조아려 예배하며 여쭈길, "원하옵건대 제가 지금 극락세계의 아미타부처님을 뵙고, 공양하며 받들어 모시고 일체 선근을 심고자 하옵니다." 이렇게 머리를 조아려 예배하는 순간, 홀연 아미타부처님을 친견하게 되었나니, 그 용안이 광대하시고, 법신 상호가 단정 엄숙하여, 마치 황금 산이 일체 모든 세계 위로 우뚝 솟아있는 것 같았다. 또 시방세계 제불 여래께서 아미타부처님의 온갖 공덕을 칭양·찬탄하시니, 그 소리가 진허공·변법계에 걸림이 없고 미래제가 다하도록 끊어지지 않고 들렸다.

아난이 아뢰길, "저 부처님의 청정찰토는 일찍이 없었습니다. 저도 또한 즐거운 마음으로 저 국토에 태어나길 원하옵나이다."

세존께서 말씀하시길, "그 가운데 태어나는 자들은 이미 무량 제불을 가까이 하면서 온갖 공덕의 근본을 심었던 자들이니라. 그대가 저 국토에 태어나고자 한다면 일심으로 부처님을 우리러 귀의하여야 하느니라."

이 말씀을 하실 때, 아미타부처님께서 즉시 손바닥에서 무량한 광명을 놓아서 일체 제불세계를 두루 비추었다. 그때 제불국토가 모두 다 분명하게 나타나니, 마치 일심의 거리에 있는 것 같았다. 아미타부처님의 수승한 광명이 지극히 청정한 까닭에 이 세계의 모든 흑산과 설산, 금강산과 철위산, 크고 작은 모든 산과 강, 숲과 천인의 궁전 같은 일체 경계에 두루 비추지 않는 곳이 없었다. 비유컨대 해가 떠올라 세상을 밝게 비추듯이 지옥도·축생도·아귀도까지도 다 활짝 열어서 하나의 빛깔이 되어, 마치 물의 재앙이 온 세상을 가득 채우고 그 가운데에 만물이 잠겨서 보이지 않으며, 넘실대는 물결이 끝없이 펼쳐진 물바다만 보는 것 같았다. 아미타부처님의 광명도 또한 이와 같아서 성문과 보살의 일체광명은 모두 가려 덮이고, 오직 아미타부처님의 광명만이 밝고 환하게 비추었다.

이 법회에 모인 사대부중과 천룡팔부, 인·비인 등이 모두 극락세계의 갖가지 장엄을 보았고, 아미타부처님께서 저 높은 연화대에 앉아 계시며 드높은 위덕을 드러내시고 상호에서 광명을 비추는 모습을 보았으며,

성문과 보살들이 아미타부처님을 공경히 둘러싸고 있음을 보았나니, 비유컨대 마치 수미산 왕이 바다 수면 위로 솟아올라 밝게 나타나서 찬란하게 비추는 것 같았다. 그 세계는 청정하고 평정하여, 온갖 더러운 것들이나 이상한 것들이 전혀 없었고, 오직 온갖 보배로 장엄되어 있는 곳에서 성현들이 같이 머물러 있을 뿐이었다.

아난과 여러 보살 성중 등이 다 같이 크게 환희하고 뛸 듯이 기뻐하며, 머리를 땅에 대고 예배하면서 칭념하길, "나무아미타삼먁삼불타!"라고 하였다.

제천·세간 사람들로부터 기거나 날거나 꿈틀거리는 벌레에 이르기까지 이 빛을 본 자는 누구나 모든 질병의 괴로움이 멈추지 않은 이가 없었고, 일체의 근심과 번뇌 또한 벗어나지 않는 이가 없었으며, 모두 다 자애의 마음으로 선업을 지으면서, 기뻐하고 즐거워하였다. 종과 경쇠, 거문고와 공후와 같은 악기들을 연주하지 않아도 저절로 모두 오음의 소리가 울려 나왔고, 제불국토에서는 제천·세간 사람들이 각자 꽃과 향을 가지고 와서 허공에 흩뿌리며 공양하였다. 이때 극락세계는 서방으로 백천 구지 나유타 국토를 지나서 있지만, 부처님의 위신력으로 마치 눈앞에 있는 것처럼 보였고, 마치 청정한 천안으로 일심의 거리에 있는 땅을 보는 것 같았다. 극락세계 보살이 이 땅을 보는 것도 역시 이와 같아서 모두 다 사바세계의 석가여래께서 비구들에게 둘러싸여 설법하시는 모습을 바라보았다.

제39품 미륵보살이 본 경계를 말하다

이때에 부처님께서는 아난과 미륵보살에게 말씀하시길, "그대들은 극락세계의 궁전과 누각, 연못과 숲 등이 미묘·청정·장엄함을 구족하고 있음을 보았느냐? 그대들은 욕계 제천에서 위로는 색구경천에 이르기까지 온갖 향과 꽃이 비 오듯 내려 두루 불찰토를 장엄하는 것을 보았느냐?" 아난이 대답하길, "예, 그렇습니다. 이미 보았습니다."
"그대들은 아미타부처님의 큰 음성이 일체
세계에 두루 퍼져서 중생들을 교화하시는
것을 들었느냐?" 아난이 대답하길, "예, 그
렇습니다. 이미 들었습니다."
부처님께서 말씀하시길, "그대들은 저 국토
에서 청정한 행을 구족한 성중들이 허공을
노닐 적에 궁전이 몸을 따라 다녀 아무런
장애되는 것이 없고, 시방세계를 두루 다니
면서 제불께 공양하는 것을 보았느냐? 그들
의 염불소리가 계속 이어지는 것을 보았느
냐? 또 온갖 새들이 허공계에 머물며 갖가지
소리를 내는 것이 모두 다 부처님께서 변화
하여 지은 것임을 그대들은 다 보았느냐?"
미륵보살이 아뢰길, "부처님께서 말씀하신
대로 하나하나 모두 보았습니다."
부처님께서 미륵보살에게 말씀하시길, "저
국토의 사람들 중에 태에서 나는 사람을
너희들은 또한 보았느냐?" 미륵보살이 아뢰
길, "세존이시여, 저희들은 극락세계 사람

들 중에 태에 머무는 자들이 마치 야마천이 궁전에 있는 것처럼 즐거워하는 모습을 보았습니다. 또 연꽃 안에서 가부좌를 하고 저절로 변화하여 나는 것도 보았습니다. 무슨 인연으로 저 국토의 사람들 중에는 태생인 자도 있고, 화생인 자도 있습니까?"

제40품 변지, 의심의 성에 갇히다

부처님께서 미륵보살에게 말씀하시길, "어떤 중생은 의심하는 마음으로 여러 공덕을 닦아서 저 국토에 태어나길 발원하지만, 부처님의 지혜가 부사의지(성소작지)·불가칭지(묘관찰지)·대승광지(평등성지)·무등무륜(대원경지) 최상승지임을 깨닫지 못하여 이러한 여러 지혜에 대해 의심을 품고 믿지 않지만, 윤회는 죄이고 왕생은 복임을 깊이 믿어서 선근의 근본을 닦고 익혀 그 국토에 태어나길 발원하느니라.

또한 어떤 중생은 선근을 쌓고, 보편지·무등지·위덕광대부사의지와 같은 부처님 지혜를 희구하면서도 자신의 선근에 대해 믿음을 낼 수 없는 까닭에 청정한 불국토에 왕생하고자 하는 의지가 약해서 머뭇거리며 한결같이 지탱하지 못하느니라. 그렇지만 끊임없이 염불이 계속 이어져서 그 공덕으로 선한 발원이 근본이 되어 결실을 맺어서 여전히 왕생할 수 있느니라.

이러한 여러 사람들은 이 인연으로 비록 저 국토에 왕생하더라도 무량수불의 처소 앞에 이르지 못하고, 길이 끊겨 불국토의 경계에 있는 변지·칠보 성 가운데 머무느니라. 이는 부처님께서 그들에게 그렇게 하도록 만든 것이 아니고, 몸으로 행하여 지은 것으로 마음이 저절로 향한 것이니라. 또한 보배 연못에 연꽃이 있어서 저절로 몸을 받아 음식을 먹고 누리는 즐거움은 도리천과 같으니라.

그들은 그 성 안에서 나올 수 없고, 거주하는 궁전은 지상에만 있고 마음대로 크고 작게 할 수 없느니라. 5백세 동안 부처님을 친견하거나 경전 설법을 들을 수 없으며, 보살·성문 성중을 볼 수도 없느니라. 그 사람의 지혜는 밝지 못하고, 경전의 의리도 아는 것이 깊지 않으며, 마음이 열려 이해하지 못하기에 마음이 기쁘거나 즐겁지 못하니라. 이런 까닭에 그들을 태생이라 부르니라.

어떤 중생이 부처님의 지혜 내지 수승한 지혜를 분명하게 믿으면서 의심을 끊어 제거하고, 자신의 선근을 믿으면서 온갖 공덕을 지어 지극한 마음으로 회향한다면, 이러한 중생들은 모두 칠보연꽃 가운데 저절로 화생하여 결가부좌하여 앉자마자 순식간에 모든 보살들과 같이 상호와 광명, 지혜와 공덕을 구족하여 성취하느니라. 그러므로 미륵이여, 그대들은 알아야 할지니, 저 화생으로 왕생한 사람들은 지혜가 수승한 까닭이니라.

저 태생으로 왕생한 사람들은 5백세 동안 삼보를 만나지 못하며 보살의 수행생활 방법을 몰라 공덕을 닦아 익힐 수 없고, 무량수불을 받들어 모실 수도 없느니라. 그러므로 그대들은 알아야 할지니, 이 사람들은 과거 세상에 있을 때 지혜가 없어 의심의 성에 이르게 된 것이니라."

제41품 의심이 다 끊어져야 부처님을 친견할 수 있다

"비유컨대 전륜성왕이 칠보로 감옥을 지어 놓고, 왕자들이 죄를 지으면 그 안에 가두는 것과도 같아서 그 감옥에는 여러 층의 누각과 화려한 궁전으로부터 보배 휘장과 황금 침상, 난간과 창문, 의자 등에 이르기까지 모두 진귀한 보배로 미묘하게 장식되어 있으며, 음식과 의복은 전륜성왕과 같이 누리지만, 그 두 발은 황금 족쇄로 묶여 있으니, 어린 왕자들이 어찌 그곳에서 즐겁게 지내겠느냐?"

미륵보살이 아뢰길, "아닙니다. 세존이시여. 그들이 감옥에 갇혀 있을 때 마음은 자재하지 않아 갖가지 방편을 써서 그곳을 벗어나고자 하고, 가까운 측근 대신들에게 도움을 구하지만 끝내 마음대로 되지 않을 것입니다. 전륜성왕이 기뻐할 때 비로소 풀려날 수 있습니다."

부처님께서 미륵보살에게 말씀하시길, "저 모든 중생들도 이와 같으니라. 만약 부처님 지혜인 광대한 지혜를 희구하는 일에 의심하고 후회에 빠지거나 자신의 선근에 대해 믿음을 낼 수 없다면, 부처님의 명호를 듣고서 신심을 일으킨 까닭에 비록 저 국토에 왕생하여도 연꽃 안에서 나오지 못하느니라. 저 연꽃 태 안에 있는 것은 마치 화원과 궁전 안에 있는 것과 같으니라. 왜 그러한가? 그 안에 있어서 어떤 더러움도 악도 없이 청정하지만, 5백세 동안 삼보를 만나지 못하고 제불께 공양을 올리거나 받들어 모실 기회가 없어 일체 수승한 선근을 닦을 수가 없느니라. 이를 괴로움으로 여기니, 기뻐하고 좋아하는 마음이 생기지 않느니라.

만약 이 중생이 그 죄의 근본을 알아서, 스스로 깊이 참회하고 자책하면서 그곳에서 벗어나길 구한다면 과거세에 지은 과실이 다하고 난 후에야 그곳을 벗어나서 바로 무량수불의 처소로 가서 참예하고 경법을 듣게 될 지라도 오래오래 들어야 개오하고 환희하게 되며, 또한 무량무수의 제불께 두루 공양하고, 모든 공덕을 닦을 수 있느니라. 그대 아일다여, 의심은 모든 보살들에게 너무나 큰 손해가 되며, 큰 이익을 잃게 된다는 사실을 알아야 할지니, 이런 까닭에 제불의 위없는 지혜를 분명히 이해하고 깊이 믿어야 하느니라."

미륵보살이 아뢰길, "왜 이 세계, 어떤 부류의 중생들은 비록 선을 닦기는 하나 왕생을 구하지 않습니까?" 부처님께서 미륵보살에게 말씀하시길, "그와 같은 중생들은 지혜가 미천하여 서방세계가 천상 세계에 못 미친다고 분별하고, 즐겁지 않다고 여겨서, 저

정토에 태어나길 구하지 않는 것이니라.”

미륵보살이 아뢰길, “이러한 중생들은 허망한 분별심을 내어서 불찰토를 구하지 않으니, 어떻게 하여야 윤회를 면할 수 있겠습니까?”

부처님께서 말씀하시길, “저들이 자신이 심은 선근에 대해 상을 여의지 못하고, 부처님의 지혜를 구하지 않으며, 세간의 즐거움과 인간의 복보에만 깊이 집착하여서 비록 복을 닦는다 할지라도 인천의 과보만 구하여 과보를 받을 때 일체가 풍족하지만 결코 삼계의 감옥을 벗어날 수 없느니라. 설사 부모와 처자, 남녀 권속들이 서로 구해 주려고 하더라도 삿된 견해와 업력에 휘둘려서 버리고 떠날 수가 없으며, 항상 윤회에 머물러 자재함을 얻을 수 없느니라.

그대는 어리석은 사람들이 선근을 심지 않고, 단지 세간의 총명지혜와 변재만 가지고 삿된 마음을 증장시키는 것을 보았느냐? 이러한 사람들이 어떻게 생사의 큰 어려움을 벗어날 수 있겠느냐?

또한 어떤 중생은 비록 선근을 심어서 큰 복전을 일구었지만, 상에 취착하고 분별하여 감정적인 집착이 깊고 무거워서 윤회를 벗어나길 구해도 끝내 이룰 수 없느니라. 만약 무상지혜를 가지고 온갖 공덕의 근본을 심으면, 몸과 마음이 청정하여 분별 집착을 멀리 여읠 수 있느니라. 이때 청정 찰토에 왕생하길 구하면 부처님의 무상보리를 향해 나아갈 수 있고, 이번 생에 불찰토에 왕생하여 영원히 해탈을 얻을 수 있느니라."

제42품 많은 보살들이 서방정토에 왕생하다

미륵보살이 부처님께 여쭈길, "지금 이 사바 세계와 모든 불찰토의 불퇴전지 보살들은 얼마나 많이 저 극락국토에 왕생하겠습니까?"

부처님께서 미륵보살에게 말씀하시길, "이

세계에 있는 7백 20억 보살은 이미 일찍이 무수히 많은 제불께 공양을 올린 자들로 온갖 공덕의 근본을 심어서 저 부처님 국토에 왕생하게 될 것이니라. 또한 모든 소행보살들로 공덕을 닦고 익혀서 왕생할 수 있는 자들은 이루 다 헤아릴 수 없이 많으니라. 나의 찰토에 있는 모든 보살들이 저 국토에 왕생할 뿐만 아니라, 타방 불국토의 보살들도 역시 이와 같으니라. 원조불의 찰토로부터 18구지 나유타 보살마하살이 저 국토에 왕생할 것이니라. 또한 동북방의 보장불 찰토에서는 90억의 불퇴전지 보살들이 저 국토에 왕생할 것이니라. 또한 무량음불의 찰토·광명불의 찰토· 용천불의 찰토·승력불의 찰토·사자불의 찰토·이진불의 찰토·덕수불의 찰토·인왕불의 찰토·화당불의 찰토에서 불퇴전지 보살들로 왕생한 자는 혹 수백억이거나, 혹 수백천억이거나, 내지 만억에 이르니라.

그 열두째 부처님은 무상화라고 이름하나

니, 저 찰토에는 무수히 많은 보살 대중이 있어 모두 다 불퇴전지 보살들로 지혜롭고 용맹하여 이미 일찍 무량 제불께 공양을 올렸으며, 대정진을 구족하고 발심하여 일승을 향해 나아가서 7일 중에 대보살들이 백천억 겁 동안 닦은 견고한 법을 섭취할 수 있으므로 이들 보살은 모두 다 왕생할 것이니라.

그 열셋째 부처님은 무외라 이름하나니, 저 찰토에는 790억의 대보살 성중들이 있고, 모든 소행보살 및 비구 등도 이루 다 헤아릴 수없이 많은데, 그들이 모두 다 왕생할 것이니라.

내가 시방세계 제불의 명호 및 보살 성중으로 왕생할 자들은 다만 그 이름만 말해도 궁겁에 다하지 못할 것이니라."

제43품 염불인은 홀로만 가는 소승이 아니다

부처님께서 미륵보살에게 말씀하시길, "그대들은 저 여러 보살마하살들이 진실한 이익을 잘 획득하는 것을 보아라.

만약 어떤 선남자 선여인이 아미타부처님의 명호를 듣고서 일념으로 좋아하는 마음이 생겨서, 귀의하여 우러러 예를 갖추고 말씀대로 수행한다면, 그 사람은 큰 이익을 얻게 될 것을 알아야 하고, 위에서 말한 공덕을 획득할 것이니라. 어떤 하열한 마음도 없을 것이며, 또한 잘난 체하지도 않을 것이며, 선근을 성취하고 모두 다 증장시킬 것이니라. 그대는 마땅히 알아야 할지니, 이러한 사람은 소승이 아니며, 나의 법에서 제일 제자라 이름할 것이니라.

이런 까닭에 그대들 천인·세간·아수라 등에게 이르노니, 마땅히 이 법문을 좋아하고 수습하여서 희유하다는 마음을 내고, 이 경전 가운데 나를 인도하는 스승이 있다는 생각을 내도록 하여야 하느니라. 그리하여 무량한 중생들이 하루 빨리 불퇴전의 자리에 안온히 머물도록 하고, 저 광대 장엄하고 섭수가 수승한 불찰토를 보고 원만한 공덕을 성취하고자 한다면 더욱 정진심을 일으켜 이 법문을 듣도록 해야 하느니라. 이 법문을 구하고자 하는 까닭에 물러서고 굴복하거나 아첨하고 속이는 마음을 내지 않도록 해야 하느니라.

설사 큰 불길 속에 들어갈지라도 의심하거나 후회해서는 안 되나니, 무슨 까닭인가? 저 무량 억의 모든 보살 등은 모두 다 이 미묘한 법문을 희구하기 때문에 법문을 존중하며 경청하고, 그 가르침에 거스르는 마음을 내지 않느니라. 시방세계 수많은 보살들이 이 경전을 듣고자 하지만 들을 수 없나니, 이런 까닭에 그대들은 이 법을 구해야 하느니라."

제44품 보리수기를 받다
"만약 부처님께서 멸도하시고 정법이 멸할 때까지 어떤 중생이 일체 선근의 근본을 심고, 이미 일찍 무량 제불께 공양하였다면 저 여래의 위신력 가지로 말미암은 까닭에 이와 같은 광대한 법문을 얻을 수 있느니라. 아미타부처님께서 섭취하심을 우리들이 수지하면 반드시 광대한 일체지지一切智智를 획득할 수 있고, 저 법문에 대해 광대하고 수승하게 이해하여 큰 환희심을 낼 것이며, 다른 사람을 위해 자세하게 설하여 항상 좋아하며 수행하라고 권할 것이니라.

모든 선남자 및 선여인 중에서 이 법에 대해 이미 구한 이도 있고, 현재 구하는 이도 있으며, 장래에 구할 이도 있을 것이니, 모두가 수승한 이익을 얻을 수 있느니라. 그대들은 이 법문에 안온히 머물러서 의심하지 말고, 일체 선근의 근본을 심을 것이며, 항상 수습하여 의심과 장애가 없도록 해야 하느니라. 그러면 곧 일체 갖가지 진귀한 보배로 이루어진 삼계의 감옥에 들어가지 않을 것이니라.

아일다여, 이와 같은 여러 부류의 대위덕을

지닌 사람들이 불법의 광대한 특별법문을 마음속에 일으킬 수 있을지라도 이 법문을 듣지 못한 까닭에 사바세계에서 1억 명의 보살들이 아뇩다라삼먁삼보리에서 물러나게 되느니라.

만약 어떤 중생이 이 경전을 서사·공양하고 수지·독송하거나 잠깐이라도 다른 사람을 위해 이 경전을 연설하고 독송하기를 권하며, 근심과 번뇌를 일으키지 않고, 내지 밤낮으로 극락세계 및 무량수불의 공덕을 사유한다면 위없는 도에서 끝내 물러나지 않을 것이니라.

그 사람이 목숨을 마칠 때 설사 삼천대천세계에 큰불의 재난이 가득할지라도 또한 벗어나서 저 정토에 태어날 수 있느니라. 이 사람은 이미 일찍 과거에 부처님을 만나 보리수기를 받았고, 일체 여래께서 다 함께 칭찬하셨느니라. 이런 까닭에 전일한 마음으로 믿고 받아들여서 수지·독송하고, 연설하며, 봉행하느니라."

제45품 오직 이 경전만 홀로 세상에 남는다

"내가 지금 모든 중생들을 위해 이 경법을 설한 것은 그들이 무량수불과 그 국토에 있는 일체 모든 것을 볼 수 있도록 하기 위함이니, 그들이 해야 할 것은 왕생발원으로 누구나 다 구할 수 있느니라. 내가 열반에 든 이후에라도 다시는 의심을 품어서는 안 되느니라.

오는 세상에는 경전과 도법이 모두 사라질 것이니라. 나는 대자비심으로 중생들을 불쌍히 여겨 특별히 이 경전을 남기어 백 년 동안 머물게 할 것이니, 그때 어떤 중생이든 이 경전을 만나는 사람은 뜻하고 발원한 대로 모두 제도 받을 수 있을 것이니라. 여래께서 세상에 출현하심은 만나기도 어렵고 뵙기도 어려우며, 제불의 경전과 도법은 얻기도 어렵고 듣기도 어려우며, 선지식을 만나 법을 듣고 수행하기도 또한 어려운 일이니라. 더구나 이 경전을 듣고서 믿고 좋아하며 수지하기는 어려운 것 중에서 어려우니, 이보다 더 어려운 것은 세상에 없느니라.

만약 어떤 중생이 염불하는 소리를 듣고서 자비심과 청정심이 일어나고, 뛸 듯이 기뻐하며, 온몸에 털이 곤두서거나 눈물까지 흘리는 사람이 있다면 모두 다 이전 세상에서 일찍이 불도를 닦았기 때문이니, 이런 까닭에 그는 보통 사람이 아니니라.

만약 부처님 명호를 듣고도 마음속에 여우 같은 의심이 일어서 불경의 말씀에 대해 전혀 믿음이 생기지 않는다면 이런 사람은 모두 다 악도에서 온 사람으로 숙세의 재앙이 아직 다하지 않아 이번 생에 성불할 수 없나니, 이런 까닭에 마음에 여우같은 의심이 일어서 귀 기울여 믿으려고 하지 않느니라."

제46품 부지런히 닦고 굳게 지녀라

부처님께서 미륵보살에게 말씀하시길, "제 불여래의 위없는 교법, 십력과 무소외, 무애와 무착의 매우 깊은 법과 바라밀 등 보살의 법은 쉽게 만날 수 없고, 설사 설법할 수 있는 사람일지라도 잘 열어 보이기 어렵고, 이 법에 대해 견고하고 깊은 믿음을 내는 사람 또한 만나기 어려우니라. 내가 지금 이치대로 이와 같이 광대하고 미묘한 법문을 상세하게 말하였으니, 일체 제불께서 칭양·찬탄하시느니라. 그대들에게 부촉하나니, 잘 수호할 지어다.

모든 유정들이 기나긴 밤을 벗어나는 이익을 얻도록 하고, 중생들이 오악취에 떨어져 갖은 위험과 괴로움을 다시는 받는 일이 없도록 나의 가르침을 잘 따라 부지런히 닦아야 하고, 부처님께 효순·공경하고 스승의 은혜를 항상 생각하여야 하며, 이 법이 멸하지 않고 오래 머물 수 있도록 하여야 하며, 이 법을 견고한 신심으로 수지하여 훼손되거나 잃어버리지 않도록 하며, 망령

되이 경전의 원문을 더하거나 빼서는 안
되느니라.
항상 이 경전을 끊임없이 독송한다면 매우
빨리 일생 중에 도를 얻을 것이니라. 나의
법은 이와 같아, 이와 같이 말하나니, 여래께
서 행하신 대로 또한 따라 행해야 하고, 복을
심고 선을 닦아서 정토에 왕생하길 구해야
하느니라.”

제47품 복덕과 지혜 있어야 이 경을 들을 수 있다
이때 세존께서 게송으로 거듭 말씀하시길,

과거생에 복과지혜 닦아놓지 않았다면
금생에서 이정법을 들을수가 없지만은
이미여러 부처님께 공양올린 공덕으로
비로소 환희하며 이법문을 믿을수있네

악업교만 해태사견 중생마음 가로막아

여래설한 미묘법문 믿음내기 어려움은
비유컨대 장님이 오래 암흑 속에 있어
다른사람 바른길로 인도할수 없음같네

제불여래 처소에서 온갖선근 심었기에
세상사람 구하는행 바야흐로 능히닦고
듣고나서 깊이믿고 수지하고 사경하며
독송하고 칭찬하고 실천하여 공양하네

이와같이 일심으로 왕생하길 구한다면
누구라도 할것없이 극락세계 갈수있고
삼천대천 모든세상 불바다가 되더라도
부처님의 위신력의 가지받아 왕생하리

여래세존 매우깊은 광대무변 지혜바다
부처님과 부처님만 알수있는 경계라서
성문대중 부처지혜 억겁동안 사유하고
그신통력 다하여도 추측하여 알수없네

여래과지 증득공덕 부처님만 알수있고
세존만이 여래지견 열어보일 수있나니
사람몸 받기어렵고 여래뵙기 어려우며
난중난은 불법믿고 지혜열어 들음이라

일체유정 이번생에 왕생하여 부처되면
보현행원 뛰어넘어 저언덕에 오른다네
이러하니 많이듣고 널리배운 대승보살
응당나의 가르침과 여실한말 믿을지라

이와같이 미묘법문 다행히도 들었으니
어느때나 염불하여 환희심을 낼지어다
수지하여 생사윤회 중생널리 제도하니
부처님 말씀하시길 이사람이 참선우라

제48품 이 경을 듣고 나서 큰 이익을 얻다

이때 세존께서 이 경법을 설하시자 천인·

세간의 1만 2천 나유타 억 중생들은 먼지와 때를 멀리 여의고 청정한 법안을 얻었으며, 20억 중생들은 아나함과를 얻었으며, 6천 8백 비구들은 모든 번뇌가 다하여 마음에 해탈을 얻었다.

또한 40억 보살들은 무상보리에 머물러 물러나지 않고 큰 서원을 세운 공덕으로 스스로를 장엄하였다. 그리고 25억의 중생들은 물러나지 않고, 무생법인을 얻었다.

4만억 나유타 백천의 중생들은 무상보리에 대해 일찍이 발심한 적이 없다가 지금 비로소 처음으로 발심하여, 일체 선근을 심어서 극락세계에 왕생하여 아미타부처님을 친견하겠다는 서원을 세웠으니, 모두 다 저 여래의 불국토에 왕생하게 될 것이며, 각자 다른 방위의 불국토에서 차례로 성불하여 이름을 똑같이 「묘음여래」라 할 것이다.

또한 시방세계 불찰토에서 만약 현재 왕생하거나 미래에 왕생하여 아미타부처님을 뵙게 되는 자로 8만 구지 나유타의 사람들이 수기를 받아 무생법인을 얻고, 무상보리를 성취할 것이다. 저 모든 유정들은 모두 아미타부처님께서 옛날 발원한 인연으로 함께 극락세계에 왕생하게 될 것이다.

이때 삼천대천세계가 6종으로 진동하였고, 또한 갖가지 희유하고 신기한 변화가 나타났나니, 부처님께서 대광명을 놓아 시방세계의 국토를 두루 비추었고, 또한 천인들은 허공에서 미묘한 음악을 연주하여 수희 찬탄하는 소리를 내었으며, 색계 제천까지도 모두 다 세존께서 이 경을 설하심을 듣고 일찍이 들어본 적이 없는 묘법이라고 찬탄하면서, 무량한 미묘한 꽃들을 분분히 내려 공양하였다.

아난 존자와 미륵보살, 그리고 모든 보살·성문과 천룡팔부, 일체 대중이 부처님께서 설하신 이 경을 듣고, 모두 다 크게 기뻐하면서 믿고 받아들여 봉행하였다.

불설대승무량수장엄청정평등각경 종
終

발일체업장근본득생정토신주

나무아미다바야 다타가다야 다지야타 아
미리 도바비 아미리다 싣담바비 아미리다
비가란제 아미리다 비가란다 가미니 가가
나 지다가리 사바하 <small>(세 번)</small>

찬불게

아미타불 청정법신 금빛으로 찬란하고
거룩하신 상호광명 짝할이가 전혀없네

아름다운 백호광명 수미산을 둘러있고
검고푸른 저눈빛은 사해바다 비추시며
광명속에 화신불이 한량없이 많으시고
보살도를 이룬사람 또한 그지없나이다

중생제도 이루고자 사십팔원 세우시고
구품으로 중생들을 피안으로 이끄시네
나무서방극락세계 대자대비 아미타불

나무아미타불
(염불 수에 따라 백 번 내지 천 번 하고 다시 4자염불로 바꾼다)

아미타불 (백·천 번)

나무관세음보살
나무대세지보살
나무청정대해중보살 (세 번)

삼귀의
부처님께 귀의하와 바라노니 모든중생
큰이치 이해하고 위없는맘 내어지이다

(절하고 일어난다)

법보에게 귀의하와 바라노니 모든중생
삼장속에 깊이들어 큰지혜 얻어지이다

(절하고 일어난다)

승가에게 귀의하와 바라노니 모든중생
많은대중 통솔해 온갖장애 없어지이다
거룩하신 모든 성중에게 예경하나이다

(절하고 일어난다)
(합장하고 인사한다)

회향게
원하옵건대 이 공덕으로
불국정토 장엄하여서
위로 사중의 은혜 갚고
아래로 삼악도의 괴로움 건너가게
하옵소서.

만약 견문이 있는 이는
모두 보리심을 발하여
이번 보신이 다할 때
함께 극락국토에 태어나지이다

아미타부처님께서는 어디에 계십니까?
『무량수경』, 이 한 권의 책이 바로 아미타부처님이십니다.
우리들이 매일 독송하면 마치 아미타부처님을 마주하고,
그의 법문(여래지견)을 듣고 가르침을 받는 것과 같습니다.
우리들은 이렇게 진실하고 참된 태도로 독송해야 합니다.
이럴 때 비로소 감응이 있습니다.
-정공법사의 '당생성불'중에서

오직 원하옵건대

천하가 화평하고, 해와 달이 청명하며, 비바람이 때에 맞추어 불고, 재난이 일어나지 않으며, 나라는 풍요롭고 국민은 편안하여 병사와 무기를 쓸 일이 없게 하옵소서.

또한 사람들은 도덕을 숭상하고, 인자한 사랑을 베풀며, 힘써 예절과 겸양을 닦아, 나라에 도적이 없으며, 원망하고 억울한 사람이 없으며, 강한 자가 약한 자를 능멸하지 않고, 각자 자신의 자리를 잡게 하옵소서.

이 경을 인쇄 유포하고 수지독송서사한 공덕을 세세생생 만난 부모님과 스승님, 세세생생 맺은 원친채주님, 그리고 진허공·변법계의 일체중생들에게 두루 회향하옵나니, 다 같이 아미타부처님 본원의 가지력에 의지하여 모두 해탈을 얻게 하옵소서.

현재 살고 있는 사람들은 날마다 복덕과 지혜가 늘어나고 업장이 사라지며, 보리심을 발하여 청정한 마음으로 성실(老實)하게 염불하고, 경전의 말씀을 잘 듣고(聽話), 진실로 수행하여(眞幹) 빠른 시일에 불도를 원만히 이루게 하옵소서.

나무아미타불 나무아미타불 나무아미타불

20＿＿년 월 일

발원 재자齋者 ＿＿＿＿＿＿ 합장

南無護法韋陀尊天菩薩

畫家陳士侯提供

불법을 외호하는 위타천존보살

회집會集 : 하련거 거사

근대 중국의 선과 정토의 대덕(禪淨大德)인 하련거((夏蓮居, 1886-1965) 거사는 유교와 불교, 현교와 밀교, 선종과 정종, 각 종을 자유롭게 드나들며 원융회통하고, 더욱이 선종과 정종의 종지를 깊이 그리고 지극히 미세하게 궁구하였다. 2차 대전 후 하련거 노거사는 정토를 전수專修 전홍專弘하는 조직인 「정종학회淨宗學會」를 제창하였다. 이는 염불도량의 현대화된 명칭으로 그 목적은 바로 사회대중이 불교를 미신으로 보는 관념을 제거하고 올바른 부처님의 진리를 전달하는 것이다. 무량수경 선본善本을 회집한 하련거 노거사의 뜻을 이은 정공 법사는 현재 전세계 2백 여 정종학회의 영도자로서 정토종의 중흥을 이끌고 있다.

옮김 : 무량수여래회

무량수여래회無量壽如來會는 정토5경 1론과 정토 조사스님들의 어록에 근거한 부처님과 조사스님들의 정토법문에 따라 염불하는 불자들의 모임이다. 정토 경전과 논서 등을 통해 한국과 중국 등의 다양한 정토법문을 두루 공부하되 일심정토, 서방정토, 순수정토, 유심정토 등 미묘한 교법들을 두루 원만히 공부하며 믿음·발원·염불행을 통해 왕생극락하여 일체중생을 제도하는 것을 목표로 한다. 살아서는 아미타부처님의 본원에 따라 안심安心을 얻고 종파를 떠나 정토 행자들의 화합과 친목을 도모하며, 정토법문을 널리 펼쳐 한 사람이라도 육도윤회에서 벗어나 극락정토에 왕생할 수 있도록 경전과 정토서적의 번역·발간·보급에 최선을 다할 계획이다.

다음카페 무량수여래회 : cafe.daum.net/MRSB
네이버밴드 무량수여래회 : band.us/@mrsb
유튜브 채널 : 무량수여래회

한글 사경본 **불설무량수경**

1판 1쇄 펴낸 날 2017년 12월 11일
1판 3쇄 펴낸 날 2022년 5월 26일

회집 하련거 **옮김** 무량수여래회
발행인 김재경 **편집** 허만항 **디자인** 최정근 **제작** 재능인쇄
펴낸곳 도서출판 비움과소통
　　　　경기도 파주시 하우고개길 151-17 예일아트빌 103동 102호(야당동 191-10)
　　　　전화 031-945-8739 　팩스 0505-115-2068
홈페이지 blog.daum.net/kudoyukjung 　**이메일** buddhapia5@daum.net
출판등록 2010년 6월 18일 제318-2010-000092호

© 무량수여래회, 2017
ISBN 979-11-6016-031-4 03220

∗ 책값은 뒤표지에 있습니다.
∗ 잘못된 책은 서점에서 바꾸어 드립니다.